W0380974

jamie's italië

van dezelfde auteur

The Naked Chef
The Naked Chef is terug
Happy Days met de Naked Chef
Jamie – de basis van het koken
Jamie's Dinners

JAMIE OLIVER

jamie's italië

fotografie door david loftus
en chris terry

CULINAIRE BOEKERIJ

Kosmos-Z&K Uitgevers, Utrecht/Antwerpen

Ik draag dit boek op aan een aantal
fantastische mensen die mij geholpen
hebben verliefd te worden op Italië:
Gennaro Contaldo, Rose Gray, Ruth Rogers,
David Gleave, Theo Randall, Patricia
Michelson en Elizabeth David

CULINAIRE BOEKERIJ

Culinaire Boekerij: genieten van wereldse smaken

www.boekenwereld.com
www.culinaireboekerij.nl/be

Oorspronkelijke titel: *Jamie's Italy*
Uitgegeven door Penguin Books Ltd, 2005

© 2005 Jamie Oliver
Fotografie © David Loftus, 2005
Aanvullende fotografie © Chris Terry & Peter Begg

Voor de Nederlandstalige editie
© 2005 Kosmos-Z&K Uitgevers B.V., Utrecht
Vertaling: Jaromir Schneider
Zetwerk: Studio Angela Damen, Utrecht

ISBN 90 215 8044 6
D/2005/0108/263
NUR 440

Alle rechten voorbehouden/All rights reserved
Niets uit deze uitgave mag worden verveelvoudigd en/of openbaar gemaakt
door middel van druk, fotokopie, microfilm of op welke andere wijze en/of door welk ander medium ook,
zonder voorafgaande schriftelijke toestemming van de uitgever.

Deze uitgave is met de grootst mogelijke zorgvuldigheid samengesteld.
Noch de maker, noch de uitgever stelt zich echter aansprakelijk voor eventuele schade
als gevolg van eventuele onjuistheden en/of onvolledigheden in deze uitgave.

www.jamieoliver.com

inhoud

inleiding viii

antipasti: ***voorgerechten*** 1

straatvoedsel & pizza 30

primi: ***eerste gangen*** 60

soepen 63

pasta 82

risotto 129

insalate: ***salades*** 150

secondi: ***hoofdgerechten*** 174

vis 177

vlees 208

contorni: ***bijgerechten*** 246

dolci: ***desserts*** 270

dankwoord 308

register 310

ciao! tutto bene?

Ik ben al sinds mijn tienertijd helemaal gek van de liefde, passie en bezieling voor eten, familie en het leven zelf die zo'n beetje alle Italianen in zich hebben, ongeacht waar ze vandaan komen of hoe rijk of arm ze zijn. En daar gaat het mij om – goed voedsel voor iedereen, hoe dan ook. Je zult Italianen maar zelden horen zeggen dat ze uit Italië komen – ze komen altijd uit Venetië, van Sicilië of uit Napels, en dat is het hele punt: hun streekbewustzijn is enorm. Maar ik heb tijdens mijn reis door Italië ook geleerd dat het begrip regionaal, als het op koken aankomt, slechts het topje van de ijsberg is. Er zijn veel meer 'vakjes'. Eigenlijk zou je er een nieuw woord voor moeten verzinnen in de trant van 'dorpelijk', omdat Italiaanse dorpelingen, al dan niet terecht, denken dat ze in hun dorp een bepaald product het allerbest maken en met de nodige minachting neerkijken op wat ze er in een ander dorp van brouwen. Het enige andere onderwerp dat dergelijke emoties bij de mensen losmaakt is voetbal. Het is deze passie die je ook in hun voedsel terugvindt. Ze kibbelen er al jaren over waar

de beste stoofschotel vandaan komt, of de beste pappardelle, olijfolie of het beste zeebanket. Als je ooit zo'n verhit debat hebt meegemaakt, weet je dat ze niet agressief zijn – ze willen gewoon hun standpunt verdedigen! Ik vind de overtuiging dat hun eigen regionale manier van koken de allerbeste is, de trots op hun eigen producten en de passie waarmee Italianen over eten praten echt schitterend. Hoewel ik nauwelijks Italiaans spreek, heb ik het nooit een probleem gevonden om met Italianen over eten en recepten te praten – dat is iets universeels!

Maar wat ik het meest in Italianen waardeer is dat ze weliswaar een paar van de beste modeontwerpers en auto's ter wereld hebben, maar op de een of andere manier toch een uniek gevoel voor traditie en dorpsgeest hebben weten te behouden. Ook nu kom je in heel Italië nog mensen tegen die kaas ruilen voor ingemaakte groenten, of een fles huisgestookte raketbrandstof die ze grappa noemen voor een pot even sterke mostarda di Cremona (een soort vruchtenmosterd). Verder vind ik het ongelofelijk hoe ze vasthouden aan de tradities en festivals rond bepaalde producten of gerechten; happenings die wekelijks, maandelijks of jaarlijks terugkomen – massaal, op pleinen in grote steden, maar evengoed in het klein, ook in de meest dunbevolkte gebieden van Italië. Het is pas honderdvijftig jaar geleden dat de toenmalige zevenentwintig

staatjes dankzij die goeie ouwe Garibaldi samengevoegd werden tot het huidige Italië. Daarom zijn er ook zulke verschillen in levensstijl, keukens, tradities en dialecten. En daarom vind ik het als kok zo'n verdomd interessant land. Om maar een voorbeeld te noemen: op hoeveel verschillende manieren kun je een beetje bloem, water en eieren tot pasta kneden? Geniaal! En weet je wat? Eigenlijk had ik gewoon zelf een Italiaan moeten zijn – waarom, o, waarom ben ik in Southend-on-Sea geboren? Overigens geen kwaad woord over mijn geboortegrond natuurlijk!

Het is gewoon zo dat ik me Italiaan voel wanneer ik in Italië ben – zelfs met mijn minibeetje kennis van de taal red ik me prima, en weet je waarom? Omdat ik, net als de Italianen, door dik en dun van mijn familie houd en omdat voedsel iets is waartussen ik opgegroeid ben. Als je op de markt aan een fruitverkoper vraagt of je een van zijn mooie druiven mag proeven, zal hij je onmiddellijk herkennen als een betrokken klant en je met gepast respect behandelen. Ik stond eens bij een groentestalletje in een klein dorpje in Toscane en werd geholpen door een slonzig oud mannetje. Toen ik hem vertelde dat ik zou gaan koken voor een ploeg druivenplukkers, plaatste hij daar meteen zijn vraagtekens bij en zei dat het veel te vroeg was om druiven te plukken. 'De sangiovese is nog niet rijp.' Mijn vrienden waren net klaar met het oogsten van een minder gangbare soort merlot, druiven die al wel rijp waren – maar hoeveel landen zijn er nou waar de plaatselijke marktkoopman zo'n grondige kennis van de plaatselijke producten heeft? Ongelofelijk! Een andere keer zou ik een verjaardagsmaal koken voor een Italiaanse familie in Apulië, en ik vroeg in mijn steenkolen-Italiaans aan de zesjarige dochter welk vlees ze het liefst wilde. Nou, om te beginnen zei ik cane in plaats van carne – dat was vergissing nummer één, want ze dacht dat ik vroeg hoe ik haar hond voor haar moest klaarmaken! Toen dat misverstand uit de wereld was zei ze dat ze rundvlees wilde, maar toen ik weg wilde lopen riep ze me nog wel even na welk stuk van de koe ze precies wilde. Ze legde me uit dat ze ribstuk wilde (een soort T-bonesteak), want dat vond ze het lekkerste stuk van de koe. Vervolgens – maak me gek! – meldde ze me dat ik rozemarijn op het gegrilde vlees mocht gebruiken; maar alléén rozemarijn, omdat ze dat in Apulië nou eenmaal zo deden! Rozemarijn gebruikte je alleen op gegrilde kip en geroosterd rundvlees. Punt uit! Dergelijke instructies uit de mond van zo'n jong kind… ik kon mijn oren niet geloven.

En toen ik in Bari was, ook in Apulië, kwam ik een klein meisje tegen dat sneller en behendiger orecchiette, cappelletti en fusilli aan het maken was dan welke kok die ik ooit ontmoet heb ook! Ik was op slag verliefd op deze zevenjarige, niet alleen omdat ze zo mooi en lief was, maar ook omdat ze zo'n geniale pastamaakster was en mij een paar soorten heeft geleerd die ik nog nooit eerder zelf met de hand gemaakt had. Het meisje zat aan de ene kant naast me en haar achtentachtigjarige grootmoeder aan de andere – deze dame had vanaf haar vierde jaar haar leven lang elke dag pasta gemaakt.

Met dit boek wil ik je niet alleen een verzameling Italiaanse recepten geven, maar je ook deelgenoot maken van een paar waanzinnige ervaringen die ik had. Ik heb het geschreven terwijl ik op reis was, en werkte en at en praatte met de mensen buiten de gebaande toeristenpaden. Ik wilde het voedsel van het 'echte' Italië ontdekken – niet dat van de geijkte beelden van glooiende olijf- en citroenboomgaarden – en genieten van recepten van mensen die ik onderweg tegenkwam, variërend van vissers tot ambachtelijke bakkers, en van de mamma's die op straat pasta zaten te maken tot iedereen die meedeed aan de wedstrijd pasta maken op het dorpsplein. Ik wilde de Italiaanse geest zelf

PM
1976

beleven, die bezieling die, in welke streek je je ook bevindt, koken en eten tot het absolute middelpunt van het familieleven maakt. En dat wil ik ook jou laten beleven. Ik wil dat jij zelf op zoek gaat naar de oude dame die polenta zit te maken in de stad Bari in Apulië. Of dat je een bezoekje brengt aan die aardige mensen van het landgoed Petrolo in Toscane, of van het familiebedrijf La Grotta dei Folletti in La Marche. Ik wil dat je gaat kijken bij Dario, de slager in Panzano in Chianti, en hem de hand schudt. Zeg hem dan dat je een vriend van me bent en vraag hem of je zijn sushi del Chianti mag proeven. Ik wil dat je twaalf artisjokken koopt van de verweerde oude man op de markt in Rome, die zijn artisjokken zo vlug schoonmaakt dat in vergelijking met hem zelfs de meest gelauwerde Michelin-sterrenkok een amateur lijkt, en dat je dan de keuken in duikt en er twee prachtige artisjokrecepten mee klaarmaakt. Je hoeft je er echt niet al te zwaar in te verdiepen, maar wanneer je begint met lekker eten in gezelschap van fijne mensen op verschillende locaties en bij verschillende gelegenheden, verzamel je herinneringen die je je leven lang bijblijven. Zo werkt het tenminste bij mij!

Een van de redenen waarom ik deze reis naar Italië gemaakt heb was om te leren, maar ook om te voelen waarom het land zijn ongelofelijke eetcultuur behouden heeft. Ik heb er mijn eigen idee over – ik denk dat het gedeeltelijk komt door het geweldige weer en de fantastische natuurlijke hulpbronnen om lekker eten te maken; het heeft ook te maken met tradities en familiewaarden en volgens mij op de een of andere manier ook met de katholieke kerk, want elk excuus voor een feest of een samenkomst wordt aangegrepen. Maar ik denk dat de belangrijkste oorzaak is dat men gewoon geen keus heeft. Plattelandsbewoners, en dan vooral die uit de arbeidersklasse, hebben bij lange na niet dezelfde keuzemogelijkheden als mensen in grote delen van de rest van de wereld. Ik heb zo veel jonge mensen en tieners in Italië gezien wier 'moderne leven van nu' eruitziet zoals we dat in het Engeland van zeventig jaar geleden kenden – ja, ze hebben wel mobieltjes en computers, maar die worden niet beschouwd als een essentieel onderdeel van het dagelijks leven en er zijn daar ook veel minder mensen die ze hebben dan hier. Verder is de arbeidersklasse heel groot en zijn er in verhouding maar weinig rijken.

Ik denk dus dat Italië een heleboel van zijn briljante eigenschappen heeft weten te behouden omdat er gewoon weinig te kiezen is. Dat geloof ik echt. En volgens mij creëert dat een diep emotioneel leven; soms kun je door een veelheid aan keuzes de dingen die er echt toe doen uit het oog verliezen – je familie, je kinderen en je gezondheid. De Italianen nemen qua levensverwachting de derde plaats in, na de Japanners en de IJslanders, dus je mag wel stellen dat ze het, ondanks gebrek aan keuzes, niet verkeerd doen! Ja, ze eten massa's verzadigde vetten en olijfolie en ze koken ook veel op houtskool en hout (wat naar beweerd wordt kankerverwekkend is), maar ze eten op een uitgebalanceerde manier – veel fruit, groente, vis en vlees – en ze blijven actief.

Het tot op hoge leeftijd verrichten van lichamelijk werk, bijvoorbeeld olijven plukken, is in Italië heel gewoon. In Toscane betalen sommige boeren hun olijvenplukkers nog altijd uit in olijfolie en niet in geld. De olijvenoogst duurt vier tot zes weken per jaar, en veel gezinnen brengen hun tijd door met dit zware werk. Een goede olijvenplukker kan 90 tot 100 kilo per dag plukken, en afhankelijk van de hoeveelheid olie die de olijven opleveren (dat verschilt per jaar en is kennelijk afhankelijk van het weer) kunnen de plukkers 5 tot 6 liter olie per dag verdienen. Kun je je voorstellen dat iemand in Engeland voor zo'n hongerloontje zulk zwaar werk zou verrichten? Maar vergis je niet, de arbeiders doen het met liefde omdat ze er geen belasting over hoeven te betalen en ze voor het hele jaar genoeg olijfolie hebben voor eigen gebruik.

Italië is nu heel gemakkelijk en goedkoop bereikbaar, wat betekent dat veel meer van ons erheen kunnen gaan. Mijn advies is om uit de buurt van de toeristische gebieden te blijven en het echte Italië te ontdekken, waar lekker eten en drinken nog steeds niet duur is. Als je naar de toeristische plekken gaat, loop je grote kans flink afgezet te worden. Als je een paar woorden Italiaans gebruikt, vriendelijk glimlacht, enthousiasme voor het eten toont en er een twinkeling in je ogen bij krijgt, kun je ervan op aan dat de Italianen je in de watten zullen leggen.

Tenzij je naar plekken gaat als de Amalfikust, om te zonnebaden en in zee te zwemmen, kun je het best een auto huren om van de ene agriturismo naar de andere te rijden. Een paar uurtjes studeren in een van de talloze reisgidsen is genoeg om een fantastische route uit te stippelen. Wat je in Italië als buitenlander met interesse voor eten op de Italianen voor hebt, is dat zij niet altijd even onbevooroordeeld en onbevangen zijn. Hoewel het een van mijn favoriete landen is (waar ik hoop ooit ook te gaan wonen), vind ik het soms ongelofelijk frustrerend dat Italianen heel koppig kunnen doen en soms weigeren een gerecht of een smaakcombinatie te proberen, alleen omdat die niet uit hun dorp of hun streek komt, of omdat het niet gemaakt is op de manier zoals hun mamma het zou doen. Volgens mij is het leven veel te kort om dingen niet te proberen – hoe goed jouw eigen manier ook mag zijn, je kunt het niet altijd het beste weten. Als je naar Italië gaat, is mijn advies: sta overal voor open en laat je overdonderen door de ervaringen die je dan opdoet. Ga op pad en geniet!

antipasti
voorgerechten

antipasti

Antipasti worden in heel Italië geserveerd, maar de ingrediënten zijn per regio totaal verschillend. In het noorden vind je een enorme verscheidenheid aan gedroogde vleeswaren als bresaola, prosciutto en coppa di Parma, en salami's in alle soorten en maten, terwijl je in het zuiden vaker dingen aantreft als gemarineerde octopus, sardientjes of rauwe ansjovis. Net als pasta's en brood vormen antipasti een duidelijk visitekaartje voor de verschillende Italiaanse streken. Over het algemeen worden ze op kamertemperatuur geserveerd. In restaurants en trattoria's wordt er nadat je je drankje gekregen hebt altijd eerst een bakje olijven geserveerd en daarna eventueel nog een paar plakjes vleeswaar. Als kok moet je je organisatie heel goed op orde hebben om alles op hetzelfde moment op tafel te krijgen, maar in Italië gaat het allemaal tranquillo en mag je je tijd nemen. De mensen verwachten niet anders dan dat de kommetjes en bordjes in een soort vlagen gebracht worden.

In Italië geldt voor antipasti waarschijnlijk meer dan voor welke andere gang ook, dat de samenstelling afhankelijk is van de seizoenen. Neem bijvoorbeeld tuinbonen. Die kunnen gekookt zijn en aangemaakt met een beetje olie en citroensap, of geprakt zijn met een beetje pecorino, munt, citroensap en lekkere olie. Ik heb ze ook wel eens rechtstreeks uit de dop op een bord gekregen, met een brok pecorino ernaast, of als hete fritto (beignet), gekookt en fijngeprakt en door een beslagje gehaald. Of ze worden gemengd met een restje risotto en dan gefrituurd… Zolang het lekker smaakt en aansluit op de seizoenen, is het een antipasto.

Op veel van de plekken waar ik ongelofelijk lekkere antipasti gegeten heb, wordt er een opzichtige ouderwetse trolley vol schalen en borden door de eetzaal gereden en worden de hapjes aan tafel op kleine bordjes uitgeserveerd. Of er staan gewoon schalen met antipasti in de hoek van het restaurant waar ook het bestek ligt! Wat ik maar wil zeggen, is dat ook jij gewoon een paar schalen in de hoek van je keuken kunt klaarzetten en die laten rondgaan als je vrienden eenmaal aangeschoven zijn. Onthoud:

• Echte koks gebruiken alleen lokale, verse seizoensproducten.

• Je moet goed nadenken over het assortiment. Wanneer je zes of meer gerechten serveert, is het belangrijk om bijvoorbeeld een gepekeld hapje naast iets met verse groente te zetten, of iets papperigs naast iets stevigs met stukjes erin. Als de meeste gerechten koud of op kamertemperatuur zijn zal een enkel warm, krokant gerecht – bijvoorbeeld fritto misto of hete bonen besprenkeld met lekkere olie – de zintuigen op scherp zetten. Dat is wat antipasti voor mij zo spannend maakt.

• Elk gerecht moet zijn eigen smaak hebben. Ik vermijd het gebruik van dezelfde smaakmakers in meerdere gerechten – dat geldt zowel voor balsamico, rodewijnazijn of citroensap als voor kruiden. Eén gerecht met deze ingrediënten is prima, maar je moet ervoor waken ze allemaal eenzelfde dressing te geven of met dezelfde dingen op smaak te brengen. Beschouw elk gerecht als een ervaring op zich, dan zul je zien dat jij een even mooie sortering antipasti op tafel kunt zetten als wie dan ook.

In dit hoofdstuk staat een aantal van mijn favoriete antipasti. Andere boeken met fantastische antipasti zijn de *River Café*-kookboeken van Rose Gray en Ruth Rogers, *Passione* van Gennaro Contaldo, het *Chez Panisse Café Cookbook* van Alice Waters en *De Klassieke Italiaanse Keuken* van Marcella Hazan.

capitano vittorio –
een fantastische boer
uit mercatello in
le marche

bruschette

grote geroosterde boterhammen

Een bruschetta is een soort open sandwich en is hoogstwaarschijnlijk ook de voorloper van de gebakken-kaasboterham. Bruschette worden normaal gesproken gemaakt van groot zuurdesembrood dat donkergrijs van kleur is en waarvan het deeg relatief veel water bevat. De korst is ook dikker, en omdat het vocht daardoor in het brood vastgehouden wordt, blijft het wel een week goed. Op boerenmarkten en in goede supermarkten moet het te vinden zijn, maar als dat niet het geval is, kun je ook met een groot, rond boerenbrood prima resultaten bereiken.

Je kunt het brood het best in plakken van 1 cm dik roosteren op de barbecue, maar dit kan ook in huis in een grillpan op het fornuis. Daarna moet je de plakken een paar keer inwrijven met een doormidden gesneden teen knoflook, er wat goede extra vierge olijfolie op sprenkelen en ze bestrooien met peper en zout. Het beleg kun je net zo bescheiden of luxueus maken als je zelf wilt, variërend van gehakte kruiden of tomaat met basilicum tot gemarineerde groenten en verrukkelijke kazen of heerlijk, in vlokjes getrokken krabvlees. De enige regel is dat alles wat je op de bruschetta legt lekker vers en met zorg bereid moet zijn. Op de volgende pagina staan mijn favoriete soorten beleg. De recepten zijn elk voldoende voor 4 tot 6 sneden brood.

basisbruschette

Als je een heel groot brood hebt, moet je dat eerst in de lengte doormidden snijden en vervolgens in plakken van 1 cm dik. Rooster de sneetjes op de barbecue of in een grillpan tot ze aan beide kanten krokant zijn. Wrijf ze een paar keer in met een halve teen knoflook. Besprenkel ze met wat extra vierge olijfolie van goede kwaliteit en strooi er een snufje zout op. Je kunt de geroosterde sneetjes brood zo, zonder iets erop eten, maar dan moet je er wel voor zorgen dat je echt superlekkere olie gebruikt, anders smaakt het nergens naar.

aubergine en munt

2 mooie, stevige aubergines, liefst de ronde Italiaanse, in de lengte in plakjes van 3 mm dik gesneden
extra vierge olijfolie
wittewijnazijn of kruidenazijn
2 takjes verse bladpeterselie, alleen de blaadjes, in dunne reepjes gesneden
klein handje verse munt, alleen de blaadjes, in dunne reepjes gesneden
1 teen knoflook, gepeld en in heel dunne plakjes gesneden
zeezout en zwarte peper uit de molen

Zet een grillpan op het vuur tot hij goed heet is. Leg de plakjes aubergine er naast elkaar in en doe ze wanneer ze aan beide kanten mooi gebruind zijn in een kom. Je zult dit waarschijnlijk in een paar porties moeten doen. Meng terwijl de aubergines liggen te roosteren in een andere kom 8 eetlepels olijfolie en 3 eetlepels azijn met de peterselie, munt en knoflook en breng het mengsel op smaak met peper en zout. Wanneer alle plakken aubergine klaar zijn leg je ze in de dressing en hussel je goed. Proef of er nog zout of peper bij moet en leg de plakken aubergine op de bruschette. Druk het beleg stevig op de geroosterde broodjes, zodat de heerlijke smaak er goed intrekt.

baby-artisjokken

8 baby-artisjokken (voorbereid zoals beschreven op pagina 136)
4 tenen knoflook
het sap van 1 citroen
extra vierge olijfolie
een handje verse munt, alleen de blaadjes
zeezout en zwarte peper uit de molen

Leg de artisjokken wanneer die voorbereid en gehalveerd zijn in een pan met zoveel water dat ze net onder staan. Doe er de tenen knoflook en een klein kneepje citroensap bij en kook de artisjokken tot de stelen zacht zijn. Laat ze in een vergiet uitlekken en doe ze met 2 of 3 eetlepels olijfolie direct weer terug in de pan. Bak ze 4 minuten, tot ze een beetje kleur hebben. Zet de pan van het vuur als ze goudbruin zijn en knijp er een beetje citroensap over. Doe er vervolgens de munt bij en bestrooi ze met zout en peper naar smaak. Haal 4 halve artisjokken uit de pan en houd die even apart. Prak de rest in de pan fijn en druk met een vork de tenen knoflook uit hun vel (gooi de velletjes weg). Besmeer de basisbruschette met dit mengsel en versnipper de halve artisjokken over de broodjes.
P.S. Het is ook heel lekker om een handje van het stuk geraspte Parmezaanse kaas door de fijngeprakte artisjokken te doen.

gemengde geroosterde groenten

½ knol venkel, de stugge buitenste blaadjes verwijderd
½ gele paprika, de pitjes verwijderd
1 rode paprika, gehalveerd, de pitjes verwijderd
½ courgette, in de lengte gehalveerd, de pitjes verwijderd
1 theelepel gedroogde oregano
een handvol verse munt, alleen de blaadjes, fijngehakt
olijfolie
zeezout en zwarte peper uit de molen
het sap van een halve citroen
kruidenazijn

Verwarm de oven voor op 220 °C/gasovenstand 7. Hak de venkel en de paprika's in 2,5 cm grote stukjes en snijd de courgette in plakjes. Hussel de groenten met de oregano, munt en een flinke scheut olijfolie, voeg zout en peper naar smaak toe, leg alle groenten op een bakplaat en bak ze ongeveer een half uur in de voorverwarmde oven tot alles mooi goudbruin is. Haal de groenten uit de oven, laat ze afkoelen en hak ze vervolgens met de hand of in een keukenmachine fijn tot het mengsel eruitziet als een smeerbare soort salsa. Proef of er nog zout of peper door moet en giet er nog een beetje olijfolie, citroensap en kruidenazijn bij om het mengsel nog meer pit te geven. Smeer het op de basisbruschette.

tomaten en basilicum

2 handenvol mooi rijpe tomaten
een klein bosje verse basilicum, alleen de blaadjes
zeezout en zwarte peper uit de molen
olijfolie
wittewijnazijn of kruidenazijn van goede kwaliteit

Zorg ervoor dat je alleen echt heel rijpe tomaten voor dit beleg gebruikt. Was ze, verwijder de kern en knijp de zaadjes eruit. Doe de tomaten in een kom, snipper de basilicum erover, bestrooi ze met peper en zout en hussel ze met een flinke scheut olijfolie en azijn door elkaar tot de smaak naar jouw idee in balans is. Je kunt de tomaten in grove brokken of helemaal fijngehakt serveren, of je kunt ze met je handen platdrukken voordat je ze op de bruschette legt – echt heerlijk.

caponata

voor 4 personen

ongelofelijk Siciliaans auberginestoofsel

Dit is een fantastisch gerecht uit zuidelijk Italië, dat warm gegeten wordt als bijgerecht of koud als antipasto. Sicilianen zijn zeer trots dat het gemaakt wordt van ingrediënten van hun eiland. Alle verschillende methoden om caponata klaar te maken komen min of meer op hetzelfde neer; wat het uitzonderlijk en speciaal maakt is de kwaliteit van de aubergines, tomaten en azijn. Zoek op de markt altijd aubergines uit die mooi van kleur zijn en weinig zaadjes bevatten (je kunt aan je groenteman vragen of hij er een voor je open wil snijden, zodat je dit kunt controleren), en neem als het even kan verschillende kleuren. Snijd de stukjes aubergine vooral niet te klein, anders nemen ze veel olie op en worden ze zwaar. Als dat gebeurt, krijg je niet die heerlijk romige smaak en textuur. Ik heb wel eens caponata gegeten die letterlijk zwom in de olijfolie, maar ik heb de mijne liever minder vet.

olijfolie
2 mooie grote paarse aubergines, in grote stukken gesneden
1 opgehoopte theelepel gedroogde oregano
zeezout en zwarte peper uit de molen
1 kleine rode ui, gepeld en fijngehakt
2 tenen knoflook, gepeld en in dunne plakjes gesneden
klein bosje verse bladpeterselie, de blaadjes eraf geplukt en de steeltjes fijngehakt
2 eetlepels gezouten kappertjes, gespoeld, geweekt en uitgelekt
een handvol groene olijven, zonder pit
2 tot 3 eetlepels kruidenazijn van topkwaliteit
5 grote rijpe tomaten, grof gehakt
desgewenst: 2 eetlepels geschaafde amandelen, licht geroosterd

Neem een grote pan, giet er een flinke scheut olijfolie in en zet hem op het vuur. Leg de stukken aubergine en de oregano in de pan, strooi er een beetje zout over en hussel de stukken goed door de olie. Bak ze 4 tot 5 minuten op hoog vuur en schud de stukken regelmatig om. (Afhankelijk van de maat van de pan moet je de aubergines misschien in porties bakken.) Wanneer de stukken aubergine rondom goudbruin zijn mogen de uitjes, knoflook en peterseliesteeltjes erbij; laat de pan daarna nog een paar minuten op het vuur staan. Als je vindt dat het te droog is, mag je er altijd wat extra olie bij doen. Mik de uitgelekte kappertjes en de olijven erbij en besprenkel de hele zaak met kruidenazijn. Doe wanneer alle azijn verdampt is de stukjes tomaat erbij en laat die 15 minuten meepruttelen, tot ze zacht zijn. Proef of er naar jouw smaak nog peper en zout en misschien wat azijn bij moet. Sprenkel er nog wat goede olijfolie over en bestrooi de caponata voor het serveren met gehakte peterselie en desgewenst wat geschaafde amandelen.

verdure verdi condite alla perfezione

het aanmaken van perfect gekookte groene groenten

Je zou kunnen denken dat dit recept wat al te simpel is om in dit boek te zetten, maar wij in Engeland eten eigenlijk niet genoeg groenten, en als we het wel doen hebben we altijd het gevoel dat de groente bij vlees of vis hoort. In Italië worden enorme hoeveelheden groenten als antipasto geserveerd, gewoon om de smaakpapillen wakker te maken. Dat is een van de redenen waarom Italianen er gemiddeld een stuk gezonder uitzien dan wij, nog afgezien van het feit dat ze ook enorme hoeveelheden olijfolie en verzadigde vetten eten… let op dus. Laten we ons nou voor een keertje net als Italianen gedragen en ons op groenten storten. Er is alleen één gouden regel – kook ze op de goede manier en maak ze zorgvuldig aan, dan zit je altijd goed.

(Ik was pasgeleden met een stel vrienden op vakantie, en we kregen toen elke avond voor het warme eten een schaal vol perfect gekookte groenten, aangemaakt met een beetje olijfolie en citroensap. Die schaal werd midden op tafel gezet, met wat stukjes mozzarella, Parmaham en een paar olijven erbij. Enkele van mijn reisgenoten hadden in hun jeugd nauwelijks groenten gegeten, maar vonden ze op deze manier geserveerd echt helemaal te gek.)

Om te beginnen dit: breng een grote pan gezouten water aan de kook en leg er een deksel op. Als je snijbiet gaat koken, moet je daar eerst de harde nerven uitsnijden en die als eerste in het water gooien. Pas wanneer die zacht zijn mogen de bladeren erbij, want die hebben maar een minuut of twee nodig. Als je broccoli of Romanesco-broccoli kookt, moet die niet al dente zijn, maar ook zeker niet te gaar – net daartussenin dus. Hoe check je dat? Gewoon door een stukje uit het water te halen en op te eten. Ik weet dat het nogal logisch klinkt, maar je kunt dezelfde methode volgen als met asperges: soms is het slim om de stengel te splijten, zodat de stengels en toppen tegelijkertijd gaar zijn. Je kunt ook de bladeren gebruiken van savooienkool of cavolo nero, of van courgette. Er zijn zo veel heerlijke groene groenten die je op deze manier kunt klaarmaken – probeer het maar eens en kijk waar het je brengt.

Kook de groenten heel zorgvuldig, laat ze uitlekken in een vergiet en leg ze op een schone theedoek op een rooster om er overtollig vocht aan te onttrekken. Laat ze een paar minuten liggen om goed uit te dampen. Nu moet je de groenten terwijl ze nog warm zijn aanmaken op dezelfde manier als je bij een salade zou doen, met één deel citroensap op drie delen extra vierge olijfolie, en peper en zout naar smaak. Ik doe ook wel eens een paar hele tenen knoflook in het blancheerwater zodat ze zacht worden – dan kan ik ze prakken en door de dressing doen.

Probeer er een gewoonte van te maken om elke avond een bordje groenten als deze bij het eten op tafel te zetten. Je mag naar hartelust mengen en variëren, en je kunt ze vanzelfsprekend ook serveren naast andere antipasti – ik garandeer je dat je de smaak te pakken zult krijgen. Ik weet dat dit recept nogal vanzelfsprekend klinkt, maar volgens mij zijn mensen zo sterk geprogrammeerd om op bepaalde momenten altijd bepaalde dingen te eten, zoals dit of dat vlees met altijd dezelfde soorten groenten, dat een kleine aanmoediging om nieuwe dingen te proberen, zoals deze groente met niets meer dan een flinke scheut olijfolie, eventueel op geroosterde crostini, geen overbodige luxe is. Klinkt goed, toch?

ricotta fritta con piccola insalata di pomodori

voor 6 personen

gebakken ricotta met een beetje tomatensalade

Waar ik deze kleine ricotta-'koekjes' nog het best mee zou kunnen vergelijken, is met heel luchtige gnocchi. Eenmaal gebakken zijn de koekjes krokant en goudbruin aan de buitenkant, met van binnen een heerlijk luchtige, zijdezachte ricottavulling. Ze zijn perfect samen met wat gehakte tomatensalade en kunnen als voorgerecht, tussendoortje of als warme canapé gegeten worden. Ik weet zeker dat je ze veel vaker zult gaan maken als je ze eenmaal geprobeerd hebt – het is echt heel gemakkelijk en snel. Je moet er alleen wel voor zorgen dat iedereen al aan tafel zit (compleet gedekt met bestek en verwarmde borden) op het moment dat je begint met het bakken van de koekjes, want ze zijn vooral heel lekker als je ze direct eet; het loont de moeite om op dit vlak streng op te treden – ze zullen je er dankbaar voor zijn!
P.S. Zorg dat je je ricotta bij een goede kaas- of delicatessenwinkel koopt; met supermarkt-ricotta lukt het over het algemeen niet.

450 g flink kruimelige ricotta
2 eetlepels van het stuk geraspte Parmezaanse kaas, plus wat extra voor op tafel
1½ eetlepel bloem
zeezout en zwarte peper uit de molen
1 groot ei, liefst biologisch
een flinke handvol gemengde rijpe tomaten
2 takjes verse basilicum
1 verse rode Spaanse peper, de pitjes verwijderd, fijngehakt
extra vierge olijfolie
rodewijnazijn van goede kwaliteit
olijfolie
nootmuskaat om erover te raspen

Meng de ricotta met de Parmezaanse kaas, de bloem, een flinke snuf zout en het ei. Roer er een beetje zwarte peper uit de molen door en zet het mengsel zolang in de koelkast.

Halveer de tomaten, knijp de pitjes eruit en gooi die weg. Hak het vruchtvlees in kleine blokjes en laat die uitlekken. Hak de steeltjes van de basilicum fijn, scheur de blaadjes in grove snippers en doe die samen met de Spaanse peper bij de tomaat. Breng het mengsel op smaak met peper en zout, een flinke scheut extra vierge olijfolie van goede kwaliteit en een klein scheutje rodewijnazijn.

Zet een pan met antiaanbaklaag op een matig vuur en giet er een scheut olijfolie in. Schep lepel na lepel hoopjes ricottamengsel in de pan – doe de pan niet te vol, de koekjes mogen elkaar niet raken. (Roep nu de familie aan tafel, als je dat niet al gedaan had!) Bak de ricottakoekjes in een paar minuten goudbruin, keer ze voorzichtig om met een spatel of visschep en bak ze nog een minuut aan de andere kant.

Serveer ze meteen, met een snufje zeezout en een beetje nootmuskaat (uit de hoogte geraspt) erover en een flinke schep van de gehakte tomaten ernaast. Besprenkel ze aan tafel met een beetje gepeperde extra vierge olijfolie en rasp er wat Parmezaanse kaas over. Eet ze terwijl ze nog lekker krokant en warm zijn!

sushi del chianti

voor 4 personen

sushi uit chianti

Dario Ceccini is een van de beste slagers van Italië. Zijn kleine winkeltje bevindt zich in Panzano in Chianti en is gewoonlijk afgeladen met mensen die genieten van de gratis hapjes en wijn die hij uitdeelt, vooral op zondagmorgen rond tien uur – als je mazzel hebt kun je hem zelfs voor zijn klanten horen zingen! Omdat me dat zakelijk wel interesseerde, heb ik geprobeerd uit te dokteren hoe hij aan de tijd en het geld komt om zo veel dingen weg te geven, maar het werkt blijkbaar goed, gezien zijn grote omzet.

Toen zijn 'Chianti-sushi' op een grote schaal binnengebracht werden, compleet met eetstokjes om ze mee te eten, dacht ik echt dat Dario een geintje maakte, maar het is feitelijk niets anders dan een Toscaanse versie van een tartaartje. Het is iets verser, erg lekker en een van de gemakkelijkste gerechten die er bestaan. Ik kan je echter aanraden deze sushi alleen zelf te maken als je goed biologisch scharrelrundvlees in huis hebt, dat minimaal zestien dagen afgehangen is. Gebruik nooit zomaar wat oude resten. Omdat hij het in de buurt kan krijgen, gebruikte Dario Chianina-rundvlees, dat in dat deel van Toscane geproduceerd wordt en heel beroemd is. Zeer interessant was dat hij de sushi niet van het voor de hand liggende lendestuk maakte, maar van schenkel. Deze stukken worden van oudsher gebruikt om bresaola van te maken of om te zouten, maar lees zijn speciale methode om het vlees mals te maken maar eens.

500 g beste kwaliteit runderschenkel
zeezout en zwarte peper uit de molen
1 kleine gedroogde Spaanse peper, verkruimeld
de geraspte schil van 1 sinaasappel
klein handjevol verse zoete marjolein of een iets kleiner handje verse oregano, alleen de blaadjes
het sap van 1 citroen
extra vierge olijfolie

Er mogen echt helemaal geen zeentjes in je vlees zitten, maar mocht dat toch het geval zijn dan moet je die er eerst met een scherp mes uitsnijden en het vlees daarna fijnhakken. Nu is het tijd om het fijn te stampen! Als je een echte vleeshamer hebt is dat ideaal, maar je kunt het ook met een ander klein, zwaar object doen. Sla het vlees gedurende een paar minuten plat tot het er als gehakt uitziet.

Ik zag dat Dario in dit stadium een flinke snuf peper en zout, de Spaanse peper, de helft van de sinaasappelschil en het grootste deel van de marjolein bij het vlees deed. Hij bleef daarna nog een minuut slaan om de smaken goed in het vlees te laten doordringen, dus dat moet jij ook doen! Vervolgens hakte hij het nog een seconde of tien met een mes, zodat alles echt heel goed vermengd was, veegde alles naar elkaar toe, proefde het mengsel en schepte het op een bord.

Nadat je het vlees op het bord uitgespreid hebt, moet je het citroensap erover persen en het besprenkelen met extra vierge olijfolie. Strooi voor het serveren de rest van de marjolein en sinaasappelschil erover en eet het met eetstokjes en bruschette.

een ritje door de
achterbuurten
van rome

GUERINNI

fritto di salvia e alici

voor 12 beignets

beignets met salie en ansjovis

In Italië zie je dit gerecht als onderdeel van een fritto misto of als hapje bij een drankje. Het is een perfect hapje om op een feestje aan je vrienden te geven. Het is een beetje een vreemde combinatie, maar gebakken salie met ansjovis is echt briljant! Ze versmelten met elkaar en leveren een fantastisch, vlezig, bijna biefstukachtig hapje op. Je denkt misschien dat ik overdrijf, maar je moet het zeker eens proberen.

Een waarschuwing: Je zult voor dit gerecht moeten frituren, dus als je kleine kinderen in huis hebt terwijl je deze beignets maakt, zorg dan alsjeblieft, alsjeblieft, dat de pan buiten hun bereik staat…

12 ansjovisfilets in olijfolie van goede kwaliteit
een klein glaasje vin santo of zoete witte wijn, of de schil en het sap van 1 citroen
24 grote, verse salieblaadjes
bloem
zonnebloemolie

voor het beslag
250 g bloem van harde tarwe
snufje zout
1 eidooier, liefst biologisch
1,5 dl water
2 dl bruisend mineraalwater
0,5 dl olijfolie
2 eiwitten, liefst biologisch

Leg om te beginnen de ansjovisfilets op een plat bord, giet er de vin santo, zoete wijn of citroensap over en bestrooi ze met de citroenschil. Laat ze minstens een uur marineren. Ondertussen kun je alvast aan het beslag beginnen. Doe de bloem, het zout, de eidooier en het water in een kom en klop ze met een garde door elkaar tot het mengsel een gladde, vla-achtige consistentie heeft. Roer er eerst het mineraalwater in kleine scheutjes bij en daarna de olijfolie. Laat het beslag voor gebruik 30 minuten staan.

Maak de salieblaadjes vochtig met een beetje water en bestuif ze aan beide kanten met bloem. Neem twee blaadjes en leg er een ansjovisfilet tussen, zodat je een soort 'sandwich' krijgt. Druk de blaadjes stevig op elkaar zodat je een beetje vocht uit de ansjovis perst.

Giet een laag van ongeveer 5 cm zonnebloemolie in een grote, zware steelpan of frituurpan. Zet de pan op hoog vuur tot de temperatuur van de olie 180 °C is – als je een gewone pan gebruikt kun je dat met een kookthermometer meten of, zoals ik altijd doe, door er een stukje aardappel in te leggen. Wanneer de olie op de juiste temperatuur is kleurt de aardappel goudbruin. Zet het vuur nu wat lager. Klop terwijl de olie heet staat te worden de eiwitten met een snufje zout stijf en spatel ze vervolgens voorzichtig door het beslag. (Je kunt dit beslag voor van alles en nog wat gebruiken.) Zet een bord klaar met een paar stukken absorberend keukenpapier.

Nu ben je klaar om te fritto-en! Pak een ansjovissandwich en haal het hele ding door het beslag, zodat er rondom een egaal dun laagje op zit. Veeg overtollig beslag er voorzichtig af aan de rand van de kom en laat de sandwich voorzichtig in de olie zakken. Je kunt er het best een stuk of zes tegelijk in doen (vanzelfsprekend meer als je een grotere pan hebt). Bak ze in ongeveer een minuut goudbruin en krokant, leg ze op het keukenpapier en serveer ze direct, voordat ze soppig worden.

limoni di amalfi cotti al forno

voor 4 personen

gebakken amalfi-citroenen uit de oven

Aan de Amalfikust zijn er zo vreselijk veel citroenen, dat je je wel kunt voorstellen dat de mensen daar tegen het eind van de zomer hun buik er wel een beetje van vol hebben! Ze vinden het dus heel leuk als je met nieuwe, lekkere manieren komt om hun citroenen te gebruiken, en deze moet je zeker eens proberen. Je eet de citroenschil niet echt op; die dient alleen om de mozzarella smaak te geven. Vanzelfsprekend kun je hier het best de fantastische Amalfi-citroenen voor gebruiken, maar het gaat ook prima met andere grote, niet met was bewerkte en liefst biologische citroenen. Het uiteindelijke resultaat is perfect als antipasto of als hapje bij een aperitief om je smaakpapillen wakker te maken. Ik heb er eens een stuk of veertig gemaakt voor mijn verjaardagsmaal toen ik in Minori was, en die gingen er prima in.

2 grote, niet met was bewerkte citroenen
1 of 2 bollen buffelmozzarella van 150 g elk, in plakken van 0,5 cm dik gesneden
4 blaadjes verse basilicum
2 ansjovisfilets
2 rijpe kerstomaatjes, gehalveerd
zout en zwarte peper uit de molen
desgewenst: 1 gedroogde rode Spaanse peper, verkruimeld

Verwarm de oven voor op 200 °C/gasovenstand 6. Snijd de kapjes van de citroenen, gooi die weg en snijd de citroenen vervolgens dwars doormidden zodat je 4 schijven van ongeveer 2,5 cm dik hebt. Op de foto hiernaast kun je zien wat ik bedoel. Haal nu met een scherp mesje het vruchtvlees uit de citroenen, zodat je 4 holle cirkels schil overhoudt. Nu moet je eigenlijk alleen nog de mozzarella op smaak brengen en in de citroencirkels stoppen, zodat de mozzarella tijdens het bakken de heerlijke citroensmaak in zich opneemt.

Nou zal de mozzarella tijdens het bakken natuurlijk gaan smelten en uit de citroen druipen. In Italië legt men er een citroenblaadje onder om alles op zijn plaats te houden, maar het kan ook heel goed met een vierkant stukje vetvrij papier. Leg dus een stuk papier of citroenblad op een snijplank en daarop een citroen-'wieltje'. Snijd nu een stukje mozzarella af dat precies in de schil past en leg er een basilicumblaadje, een halve ansjovisfilet en een half kerstomaatje op. Strooi er een beetje peper en zout op. Leg er desgewenst ook wat gedroogde Spaanse peper op en dek het af met een tweede stukje mozzarella – het citroen-'wieltje' moet nu helemaal vol zijn. Doe hetzelfde met de rest van de wieltjes, leg ze op een bakplaat en bak ze 10 tot 15 minuten in de voorverwarmde oven tot ze mooi goudbruin zijn en de kaas pruttelt. Haal ze uit de oven, laat ze een paar minuten afkoelen en serveer ze aan tafel met wat hete, geroosterde crostini. Lepel de mozzarella er gewoon uit, eet er toast bij en dip die ook in het vocht. Heerlijk!

PACIFIC

crostini

voor 12 stuks

kleine geroosterde boterhammetjes

Ik heb crostini altijd beschouwd als een soort kleine bruschette, maar dat is niet helemaal correct, want ze worden meestal gemaakt van witbrood in plaats van zuurdesembrood. Ze hebben me verteld dat het brood vroeger vaak zo oud was dat het eerst in een beetje bouillon of ander vocht geweekt moest worden om het weer een beetje zacht en eetbaar te maken, maar maak je geen zorgen, tegenwoordig is dat niet meer nodig. In Italië leggen ze gewoon sneetjes ciabatta van 1 cm dik onder de grill, wrijven die in met een teen knoflook, sprenkelen er wat olie over en bestrooien ze met peper en zout. Crostini zijn heerlijk als hapje bij een aperitivo, vooral als je er een paar verschillende soorten beleg bij geeft. Hier zijn een paar van mijn favorieten om je op een idee te brengen – elk recept is genoeg voor 12 sneetjes crostini.

1 ciabatta, in dikke plakken van 1 cm dik gesneden
1 grote teen knoflook, gepeld en gehalveerd
extra vierge olijfolie van goede kwaliteit

Rooster je sneetjes ciabatta. Wrijf ze terwijl ze nog warm zijn in met de snijkant van een halve teen knoflook en besprenkel ze met lekkere extra vierge olijfolie. Maak ze vervolgens af met je favoriete beleg…

prosciutto, vijgen en munt

Je hebt 6 grote, rijpe vijgen, 12 plakjes prosciutto en een klein bosje verse munt nodig. Scheur de vijgen in tweeën. Leg een plakje prosciutto op je hete crostini en druk er een halve vijg op plat. Garneer ze met blaadjes munt en serveer ze met een beetje extra vierge olijfolie, een drupje balsamico en wat zwarte peper uit de molen.

groene groente

Neem 3 flinke handenvol cavolo nero, kool of snijbiet en trek het blad van de nerven. Gooi 3 gepelde tenen knoflook in een pan gezouten water, breng het water aan de kook en doe de cavolo in de pan. Kook de bladeren gaar, laat ze goed uitlekken in een vergiet en wacht tot ze zijn afgekoeld. Knijp ze droog, prak de knoflook fijn, voeg naar smaak zout en zwarte peper uit de molen toe en sprenkel er wat extra vierge olijfolie over. Hussel alles door elkaar en verdeel het mengsel over de hete crostini; sprenkel er tot slot nog wat olijfolie en een kneepje citroensap over.

buffelmozzarella en spaanse peper

Scheur 3 bollen mozzarella van 150 g elk in vier stukken en leg een kwart bol op elk van je twaalf hete crostini. Verwijder de pitjes uit een verse rode Spaanse peper, hak hem fijn en strooi de stukjes op de mozzarella. Strooi er nog een beetje peper en zout op en besprenkel ze met een drupje extra vierge olijfolie. Ook heerlijk met een beetje gesnipperde verse basilicum erop.

geprakte cannellinibonen met knoflook

Pluk de blaadjes van een paar takjes rozemarijn en stamp ze met een beetje zout fijn in een vijzel. Doe er een scheut extra vierge olijfolie bij, roer en zet het mengsel even apart. Bak 2 in plakjes gesneden tenen knoflook in een beetje olijfolie licht goudkleurig. Doe er 400 g uitgelekte en afgespoelde cannellinibonen van goede kwaliteit bij en laat die 7 minuten zachtjes pruttelen. Breng de bonen op smaak met flink wat peper en zout en een scheut rodewijnazijn en prak de bonen met de achterkant van een vork tot puree. Besmeer je hete crostini met de bonenpuree en schep er een lepeltje rozemarijnolie over.

puree van erwten en tuinbonen met pecorino

Maal in een vijzel of keukenmachine een klein handje muntblaadjes en twee flinke handenvol verse, gedopte erwten en tuinbonen tot een papje. Gooi er een flinke handvol van het stuk geraspte pecorino of Parmezaanse kaas bij, maak het mengsel aan met een flinke scheut extra vierge olijfolie en voeg er naar smaak een beetje citroensap, zout en peper bij. Smeer dit mengsel op je hete crostini en garneer ze met wat extra geraspte pecorino of Parmezaanse kaas en een beetje munt – geniaal!

tomaten en olijven

Neem 20 rijpe kerstomaatjes, liefst van verschillende kleur, en snijd ze in kwarten. Haal de pitten uit een handvol lekkere groene of zwarte olijven en hak de olijven in stukjes. Hussel ze in een kom met de tomaten, een flinke scheut extra vierge olijfolie en een scheutje balsamico, en doe er wat peper en zout en een beetje verkruimelde gedroogde Spaanse peper naar smaak bij. (Olijven kunnen nogal zout zijn, wees dus voorzichtig.) Schep een lepel van het mengsel op de crostini en strooi er wat kleine basilicumblaadjes over.

gemengde tuinkruiden

Neem een mengsel van willekeurig welke verse, zachte kruiden zoals venkeltoppen, groene of paarse basilicum, peterselie, munt, kervel, tijm of zuring en hak het fijn. Snijd 6 kerstomaatjes doormidden en wrijf er al je hete crostini mee in. Rasp er wat pecorino of Parmezaanse kaas over en bestrooi ze met peper en zout. Sprenkel er nu wat olijfolie op en strooi er je gehakte kruiden over.

funghi al forno ripieni di ricotta

voor 4 personen

gebakken paddestoelen gevuld met ricotta

Dit is een ongelofelijke versie van de klassieker die we allemaal ooit wel eens geproefd hebben. Je kunt er één soort paddestoelen voor gebruiken of een mengsel van verschillende, zolang ze maar wel een stevige hoed hebben om de ricottavulling in te doen. Kleine Portobello's of veldchampignons zijn prima. Je kunt dit als voorgerecht of als kleine antipasto serveren.

100 g kruimelige ricotta van goede kwaliteit
de geraspte schil van 1 citroen
1 verse rode Spaanse peper, zonder zaadjes en fijngehakt (naar smaak)
zeezout en zwarte peper uit de molen
2 eetlepels fijngehakte verse oregano of marjolein
een flinke handvol van het stuk geraspte Parmezaanse kaas, plus wat extra om te strooien
4 handenvol paddestoelen, schoongeveegd
extra vierge olijfolie
een handvol rucola of zachte, kruidige slablaadjes

Verwarm de oven voor op 220 °C/gasovenstand 7. Doe de ricotta samen met de citroenschil, Spaanse peper en een beetje peper en zout in een kom. Klop alles met een houten lepel door elkaar en spatel de gehakte oregano en Parmezaanse kaas erdoor.

Breek voorzichtig de steeltjes uit de paddestoelen en gooi die weg (of bewaar ze om een pastasaus van te maken), en hussel de hoeden met een beetje olijfolie en peper en zout. Leg ze ondersteboven op een bakplaat zodat je ze kunt vullen met kleine schepjes van je fantastische ricottamengsel. Schep de vulling erin, strooi er een beetje Parmezaanse kaas over en bak ze in 15 minuten goudbruin in de voorverwarmde oven. Heerlijk. Serveer ze op een groot bord met wat aangemaakte rucola of andere kruidige slablaadjes.

funghi tagliati a fettine sottili, con mozzarella fusa e timo

voor 4 personen

champignons met gesmolten mozzarella en tijm

Dit is een prachtig klein receptje – het maken is zo gepiept en het is een perfect gerecht voor op een feestje. Ik gebruik hier mozzarella, maar er is een andere Italiaanse kaassoort die scamorza heet, en ook die is heel geschikt.

2 flinke handenvol champignons, in heel dunne plakjes gesneden
2 bollen van 150 g mozzarella of scamorza, in kleine stukjes gescheurd
klein takje verse tijm, alleen de blaadjes
zeezout en zwarte peper uit de molen
extra vierge olijfolie

Pak een groot ovenvast bord en spreid de champignons er in een enkele laag op uit. Strooi er de kaas, de tijmblaadjes en peper en zout naar smaak over. Besprenkel het geheel met olijfolie en zet het bord onder de grill.

Grilleer de paddestoelen een paar minuten, tot de kaas gesmolten en goudbruin is, en tast toe! Serveer er stokbrood bij.

straatvoedsel & pizza

straatvoedsel & pizza

Ik vind dit hoofdstuk heel spannend omdat het een onderwerp is waaraan in nog maar weinig boeken aandacht besteed is. Wat ik zo in straatvoedsel waardeer, is de totale arrogantie ten opzichte van enige regel of wet op het gebied van hygiëne en gezondheid! Het lekkerste goede straatvoedsel dat ik gegeten heb in Napels of op Sicilië, en dan vooral in Palermo, kwam uit de gebruikelijke karretjes met snacks langs de kant van de weg, waar ze sandwiches met porchetta verkopen. De meeste van deze karretjes zouden, als ze bij ons in Engeland zouden staan, direct verwijderd worden wegens overtreding van de regelgeving van de EU op het gebied van hygiëne en gezondheid – nou dacht ik toch echt dat Italië, Frankrijk en Spanje toch ook in de EU zaten, maar dat is dus volstrekt geen belemmering voor ze! De lokale bevolking, maar de politie evengoed, stelt zich op het standpunt dat dit soort straatvoedsel al honderden jaren op deze manier gemaakt en verkocht wordt, en ze piekeren er niet over om dit door een of andere ambtenaar in Brussel te laten verbieden. Ze beginnen gewoon een eindje verderop opnieuw!

Jaren geleden bestond ook in Engeland een mooie straatvoedselcultuur en zelfs tegenwoordig, nu de worstjes en hamburgers niet meer te vreten zijn en vol troep zitten, mist de geur van gebakken uien als je een voetbalstadion inkomt zijn uitwerking niet. Net als de geur van patat met zoete moutazijn. Rond de kerstdagen steken zwervers in Londen houtskoolvuurtjes aan en roosteren en pellen kastanjes voor je, die ze besprenkelen met een beetje zout. Briljant. Die gasten pellen de kastanjes sneller dan welke kok dan ook en ja, ze hebben smerige handen en ze stinken een beetje, maar die kastanjes smaken verdomd goed!

Nu moet ik ook even eerlijk zijn… ongeveer 50 procent van het straatvoedsel dat ik in Italië gezien heb is nog slechter dan de vage rommel die je in Japan voorgeschoteld krijgt! Zo ging ik eens naar een oude baas in een steegje in Palermo, wiens stalletje omringd was door een stuk of tien mensen die er stonden te eten en te praten. Hij had een grote ketel in zijn kraam staan met een dubbelgevouwen tafelkleed erover gebonden, zodat het net op een gestoomde kerstpudding leek. Wat erin zat had alleen helemaal niets met een kerstpudding te maken… Deze kettingrokende, viezig ogende Italiaanse vent stak zijn handen door een klein gat in het kleed in de ketel en haalde er steeds een handvol vettige maag, milt en long uit, die hij op een broodje legde of gewoon op een stuk papier serveerde. De meeste mensen bij de kraam zagen er behoorlijk armoedig uit, maar er was ook iemand bij in een keurig tweedpak met een kasjmier sjaal om en een enorme Prada-bril op, die voor deze ouderwetse Italiaanse straathap even van zijn blitse scooter was gestapt.

Nu heb ik je hiermee de lust om dit hoofdstuk te lezen waarschijnlijk al ontnomen, maar geloof me, ik heb nog veel ergere dingen gezien. Het spannende is echter wel dat de rest van het straatvoedsel dat ik tegengekomen ben, en dat ik ook in dit boek opgenomen heb, verdomd lekker was, al werd het op wel heel eenvoudige wijze geserveerd. Ik werd er in ieder geval wel vrolijk van, en ik hoop dat voor jou hetzelfde geldt! Dit hoofdstuk bevat recepten voor een heel assortiment van dergelijke hapjes, van Toscaanse porchetta en Siciliaanse kikkererwtenbeignets tot het beroemdste straatgerecht van allemaal… pizza!

polenta fritta croccante con rosmarino e sale

krokant gebakken polenta met rozemarijn en zout

voor 4 personen

Langs straatjes en markten door heel Italië zie je vaak kleine aanhangwagentjes met verwarmde vitrines staan, waar een heel assortiment fritto misto (gefrituurde groenten) uitgestald ligt. Die zijn erg lekker, maar ik heb ook wel eens de mazzel gehad een straatverkoper te treffen die gebakken polenta verkocht – dat maakt gewoonlijk geen deel uit van een fritto misto, maar is wel een echte aanrader. Waar ik het nog het meest op vind lijken is patat, maar polenta absorbeert de olie wat minder en de Parmezaanse kaas geeft het een heerlijk rijke smaak. In het verleden heb ik er ook dingen als gehakte Spaanse pepertjes en verschillende soorten kruiden als oregano of marjolein en zelfs venkelzaadjes of zongedroogde tomaatjes door gedaan. Geen van die toevoegingen is echt klassiek of authentiek te noemen, maar het resultaat was altijd heel lekker. Of je ze nou als tussendoortje eet of door een salade gooit, of zelfs in plaats van patat serveert, gebakken polenta is altijd erg lekker – probeer het dus eens.

Een waarschuwing: wanneer je op deze manier in olie bakt, is het van het grootste belang dat je niet probeert om ondertussen ook nog iets anders te doen. Houd je aandacht bij de pan en eventuele kinderen uit de buurt.

1 × de stevige polenta van pagina 269
een handvol van het stuk geraspte Parmezaanse kaas
zeezout en zwarte peper uit de molen
2 handenvol ongekookte polenta
2 liter zonnebloemolie, om in te frituren
een handvol verse rozemarijn, alleen de blaadjes

Begin met het polentarecept – roer wanneer je de polenta van het vuur haalt meteen de Parmezaanse kaas erdoor en voeg zout en peper naar smaak toe. Smeer de polenta op een ingevette bakplaat of werkvlak uit tot een dikke laag van 2,5 cm, en trek of snijd de polenta wanneer die helemaal afgekoeld en stijf geworden is in stukjes ter grootte van een duim. Wat mij betreft geldt: hoe grover hoe beter! Bestrooi de stukjes met de ongekookte polenta, daar krijgen ze een lekker krokant korstje van.

Zet een diepe pan op hoog vuur en giet de zonnebloemolie erin. Gooi een stukje aardappel in het vet – wanneer dat goed en snel bruin bakt is de olie perfect op temperatuur. Als je een kookthermometer hebt kun je die ook gebruiken – de olie moet 180 °C zijn. Wanneer de olie te heet wordt en begint te roken, moet je je verstand gebruiken en het vuur lager zetten. Gooi een handvol stukken polenta in een kleine zeef en laat ze voorzichtig in de olie zakken – als ze zinken en er niets lijkt te gebeuren moet het vuur hoger. Als de olie meteen flink gaat bruisen zit je gebakken! Ik heb ze dit in Italië nog nooit zien doen, maar na 4 minuten bakken, wanneer de polenta al lekker krokant is, kun je gedurende de laatste 20 seconden een handjevol rozemarijnblaadjes mee laten bakken – dat geeft een fantastische smaak en de blaadjes worden lekker krokant. Schep de stukken polenta en de rozemarijn voorzichtig met een zeef of schuimspaan uit de pan en leg ze op een stuk keukenpapier. Bestrooi ze met wat zeezout en serveer ze direct als knabbeltje voor het eten of in een schaal als bijgerecht.

fritelle di spaghetti

voor 4 personen

spaghettibeignets

Ik heb al eerder gefrituurde pastagerechten gezien, maar ik vond er nooit zoveel aan – tot ik Giovanni ontmoette, eigenaar van een restaurant op het eiland Marettimo voor de kust van Sicilië. Hij bakte spaghettibeignets voor me en serveerde ze op een wel heel aparte manier. Hij deed ze in een kom met wat bouillon en gekookt varkensvlees uit een bollito misto. Absoluut waanzinnig. De bouillon maakte het allemaal erg zompig, maar het was nog steeds heerlijk om te eten. Trouwens, het allertofste aan gebakken pasta is dat je het zo makkelijk uit het vuistje kunt eten. Het is een fantastische snack die je als antipasto kunt eten of als gerecht al forno op tafel gezet kan worden. En het is ook heerlijk bij een brunch. Als je het basisrecept eenmaal onder de knie hebt, kun je naar hartelust met smaken experimenteren. Ik ben bijvoorbeeld totaal geobsedeerd door Spaanse peper, dus die doe ik er altijd door. In feite bind je de pasta alleen met een beetje ei en geef je er extra smaak aan met typisch Italiaanse ingrediënten als peterselie en Parmezaanse kaas. (Gebruik nooit zo'n zakje met kant-en-klaar geraspte Parmezaanse kaas – dat smaakt echt vreselijk.) Daarna kun je er kleine vlokjes vis, een beetje Spaanse peper of wat gehakte tomaten of olijven bij doen. Eenmaal gebakken moet de beignet van binnen zacht zijn en van buiten lekker krokant – fandabidozi!

2 tenen knoflook, gepeld en fijngehakt
een handvol verse bladpeterselie, fijngehakt
2 eieren, liefst biologisch
1 eidooier, liefst biologisch
2 handenvol van het stuk geraspte Parmezaanse kaas
desgewenst: 2 ansjovisfilets, grof gehakt
1 tot 2 gedroogde Spaanse pepers (naar smaak), verkruimeld
zeezout en zwarte peper uit de molen
200 g spaghetti
olijfolie

Doe alle ingrediënten, behalve de spaghetti en de olijfolie, in een kom bij elkaar en meng alles goed. Doe de spaghetti in een pan gezouten kokend water en kook die volgens de aanwijzingen op de verpakking. Laat de spaghetti uitlekken in een vergiet en spoel de slierten onder de koude kraan om ze helemaal af te laten koelen. Als ze helemaal koud zijn, moet je ze met een schaar in stukjes van ongeveer 8 cm knippen en die bij de rest van de ingrediënten in de kom doen. Meng alles goed.

Giet een beetje olijfolie in een pan en zet die op het vuur. Schep nu met een vork hoopjes (zo klein of groot als je zelf wilt) van het spaghettimengsel in de pan en bak die aan beide kanten krokant en goudbruin. Het kan erg lekker zijn om de beignets in een iets hetere pan te bakken zodat ze aan de buitenkant echt prachtig goudbruin worden, maar van binnen een beetje zachter en warm.

insalata di strada

voor 4 tot 6 personen

straatsalade

In Palermo is een avondmarkt, Il Borgo, waar alle buurtbewoners komen eten bij kleine stalletjes waar ze hapjes verkopen als kikkererwtenbeignets, gekookte baby-octopus en ook allerlei dingen die je echt niet wilt eten, zoals maagjes, milt en andere enge, drillerige dingen! Veel van de groentestallen hebben enorme ketels met gekookte aardappelen en artisjokken staan om aan hun klanten te serveren – volgens mij kunnen we stellen dat dit het echte originele fastfood is – en het smaakt allemaal even briljant.

In sommige van de stalletjes wordt ook een versie van deze salade verkocht, die echt verrukkelijk is. Ze maken de salade meestal van tevoren aan en laten hem dan een tijd staan, zodat hij een beetje slap wordt en het lekkerste er wel een beetje af is, maar het principe van de salade is fantastisch en alle buurtbewoners zijn er dol op. In Sicilië heb je heerlijke Cedro-citroenen, die echt perfect zijn in salades – maar die kun je niet altijd krijgen. In dat geval zou ik je niet aanraden normale citroenen te gebruiken, want die smaken echt heel anders.

500 g nieuwe aardappelen, schoongeschrobd
zeezout en zwarte peper uit de molen
3 handenvol gemengde krokante sla-blaadjes als radicchio, rucola of bindsla
een klein handje verse munt, alleen de blaadjes, in stukjes gescheurd
1 venkelknol, gehalveerd en in dunne plakjes gesneden, de groene topjes apart gehouden
desgewenst: ½ Cedro-citroen, in flinterdunne plakjes gesneden

voor de Siciliaanse bloedsinaasappeldressing
het sap van 1 bloedsinaasappel
3 eetlepels wittewijnazijn of kruidenazijn van goede kwaliteit
extra vierge olijfolie
een flinke snuf gedroogde oregano
2 eetlepels kappers, goed afgespoeld als je gezouten kappers gebruikt en gehakt als je grote gebruikt
zeezout en zwarte peper uit de molen

De manier waarop ze op Sicilië aardappelen koken is heel lang en langzaam, op een zeer laag pitje met veel zout in het water. Dit is een fantastische methode om normale aardappelen lekker zacht en bloemig te maken, maar in het geval van nieuwe aardappelen is het misdadig. Leg ze dus in borrelend kokend, gezouten water – daardoor blijft de smaak veel beter behouden – en kook ze goed gaar. Hoe zachter je ze krijgt zonder dat ze uit elkaar vallen, hoe beter. Terwijl de aardappelen staan te koken heb je tijd om de sla te wassen en die samen met de venkel en munt in een grote kom te doen. Als je Cedro-citroen gebruikt, kun je die nu ook bij de salade doen.

Meng voor de dressing het sinaasappelsap en de azijn in een glazen pot of kommetje met ongeveer twee keer zoveel extra vierge olijfolie als normaal. Doe de oregano en de kappertjes erbij en breng het mengsel op smaak met peper en zout. Meng alles goed en proef het. Bedenk wel dat de smaak een beetje 'over the top' moet zijn, zodat het tegen de tijd dat je er je salade mee aanmaakt en de smaak iets subtieler geworden is, perfect past. Giet de gekookte aardappelen af en laat ze 5 minuten in een vergiet uitdampen. Mik ze terwijl ze nog warm zijn bij de salade en hussel alles goed. Absoluut fantastisch – heerlijk bij een gegrilde visschotel of als een maaltijdsalade op zich.

panelle

voor ongeveer 30 beignets

kikkererwtenbeignets

De bereidingswijze van deze beignets verschilt nauwelijks van die van stukken polenta om te grillen of te bakken (zie pagina 269), met dit verschil dat je kikkererwtenmeel in plaats van gemalen maïs gebruikt; je moet alleen het meel voor het koken door het water kloppen, om te voorkomen dat je klontjes krijgt. In Engeland gaan we er altijd van uit dat meel van tarwe gemaakt is, maar het kan in feite van van alles gemaakt worden: van rijst, kikkererwten of kastanjes, om maar een paar dingen te noemen. Een paar honderd jaar geleden woonden sommige mensen in gebieden die alleen geschikt waren om een enkel inheems gewas te verbouwen, bijvoorbeeld kikkererwten. En als zo'n gebied dan ook nog begrensd werd door een gebergte of door de zee, dan waren die mensen voor de rest van hun leven aangewezen op dezelfde paar ingrediënten. En daar krijg je snel genoeg van. Om de eentonigheid tegen te gaan moesten ze wel inventief zijn… kikkererwten werden bijvoorbeeld verwerkt tot zoete hapjes, pasta's of meel. Kikkererwtenmeel is in sommige supermarkten en in de meeste Aziatische winkels verkrijgbaar.

8 dl koud water
225 g kikkererwtenmeel
zeezout en zwarte peper uit de molen
een handvol verse rozemarijn, salie en oregano, fijngehakt
2 liter plantaardige olie, om in te frituren

Giet het water in een mengkom en strooi er een beetje van het meel op. Klop het er met een garde door en doe er weer wat bij. Blijf steeds kleine beetjes meel toevoegen tot het allemaal op is. Breng het mengsel met flink peper en zout op smaak.

Giet het beslag in een diepe pan met dikke bodem, breng het al kloppend op matig vuur aan de kook en zet het vuur laag. Het beslag moet dik worden, dus roer nu verder met een houten lepel in plaats van een garde en zorg ervoor dat je daarbij ook goed in de hoekjes komt. Proef het ingedikte beslag – het zou nu iets bitter moeten smaken, een beetje zoals doppinda's. Laat het op het vuur staan en blijf 5 minuten roeren tot het bittere eraf is.

Werk snel, zodat het beslag niet helemaal stolt; roer er zo nodig nog wat peper en zout door, roer de gehakte kruiden erdoor en schenk het beslag op licht ingevette diepe borden. Spreid het uit tot een laag van ongeveer ¾ cm dik en laat het afkoelen.

Zet een diepe pan met dikke bodem op hoog vuur en giet de zonnebloemolie erin. Gooi een stukje aardappel in de olie – als het stukje goed en snel bruin bakt is de olie perfect op temperatuur. Als je een kookthermometer hebt kun je die ook gebruiken – de olie moet 180 °C zijn. Als de olie te heet wordt en begint te roken, moet je je gezonde verstand gebruiken en het vuur lager zetten. Snijd of scheur het beslag in driehoekige stukjes, trek die voorzichtig los van de borden en laat ze heel voorzichtig, met een paar tegelijk, in de olie zakken. Bak ze een minuut of twee tot ze goudbruin zijn, schep ze met een schuimspaan uit de pan en leg ze op een stuk keukenpapier. Als je er voldoende hebt, strooi je er wat zout over en zet je ze op tafel.

de siciliaanse grillers op de
avondmarkt in il borgo

il pesce fritto in pastella all'italiana più croccante

voor 4 personen

italiaanse gebakken vis in een krokant beslag

In Rome ben ik in een fantastische winkel geweest waar ze gezouten kabeljauw in beslag verkopen. In Rome verkoopt men vooral beignets van gezouten stukken kabeljauwfilet die vele maanden houdbaar zijn. Ze worden voor gebruik 24 uur in melk geweekt om het zout kwijt te raken, en kunnen dan door een beslag gehaald en gefrituurd worden.

Het zout onttrekt veel van het natuurlijke vocht aan de vis, zodat het beslag ongelofelijk krokant blijft. De reden waarom het beslag van de viswinkel zo snel klef wordt is dat het na een minuut in een stuk krantenpapier vol vocht gestoomd is. Als je geen gezouten kabeljauw kunt krijgen, kun je ook gewone filets gebruiken. Ik heb ze een half uur voor het bakken royaal met zout bestrooid en vervolgens drooggedept met een stuk keukenpapier, en dat maakt echt veel verschil.

Nou is het tegenwoordig niet bepaald politiek correct om het eten van kabeljauw aan te moedigen, omdat de aanvoer totaal op z'n gat ligt, dus probeer het eens met andere soorten vis – heek, tarbot of griet – of de goede, biologisch gekweekte kabeljauw die tegenwoordig verkrijgbaar is.

Een waarschuwing: Zorg er als je gaat frituren voor dat kleine kinderen uit de buurt blijven.

4 filets van witte vis, 200 tot 225 g elk, geschubd en van graten ontdaan
zeezout en zwarte peper uit de molen
de geraspte schil en het sap van 1 citroen
2 liter zonnebloemolie
2 eidooiers, liefst biologisch
115 g bloem
olijfolie
1 klein (2,5 dl) flesje ijskoud, bruisend mineraalwater
halve citroenen om erbij te geven

Wrijf de filets aan beide kanten royaal in met zout en citroensap, leg ze minstens een half uur op een bord in de koelkast en keer ze in die tijd een paar keer om. Je hoeft je geen zorgen te maken dat ze te zout zijn, want het meeste zout vloeit samen met het vocht uit de vis weg. Je zult merken dat de vis na een tijdje steviger aanvoelt en er een flinke plens water op het bord ligt. Giet het vocht eraf en dep de filets droog.

Giet zoveel zonnebloemolie in een grote pan met dikke bodem dat die niet verder dan tot tweederde gevuld is. Zet de pan op hoog vuur en gooi een stukje aardappel in de pan; als het stukje snel bruin bakt is de olie op de gewenste temperatuur van 170-180 °C. Terwijl de olie warm staat te worden kun jij het beslag maken. Op pagina 19 staat het recept voor een traditioneel Italiaans beslag (het salie-en-ansjovisrecept), maar ik wil deze beignets op een iets andere, Japanse manier maken. Doe de eidooiers, bloem, citroenschil en een flinke scheut olijfolie in een kom en roer het mineraalwater erdoor, zodat het mengsel een vla-achtige consistentie krijgt en als een laagje op de bolle kant van een lepel blijft hangen. De belletjes in het water maken het beslag heerlijk luchtig en krokant. Bestuif de filets met een beetje bloem, haal ze door het beslag en tik er zachtjes mee tegen de rand van de kom, zodat de laag beslag niet te dik is. Laat de filets voorzichtig in de olie zakken en frituur ze in ongeveer 4 minuten goudbruin en krokant. Je kunt de vis ook in kleinere stukjes bakken om als klein hapje te serveren. Echt lekker. Geef er halve citroenen bij.

la migliore frittata di gamberetti e prezzemolo

voor 2 personen

de lekkerste frittata van garnalen en peterselie

Eerlijk gezegd ben ik altijd een beetje onzeker over mijn frittata's. Maar deze slaan de spijker echt precies op de kop, vooral wanneer je lekker verse garnalen gebruikt, die een heerlijk zoete smaak aan de eieren geven. Toen ik dit maakte deed ik de citroenschil bij de eieren en kneep er per ongeluk ook het sap van een kwart citroen bij. Ik besloot het er toch maar op te wagen, hoewel je eigenlijk nooit citrussap met eieren mag mengen. Ik vind het resultaat spectaculair – een met citroen gestremde garnalenfrittata… maar op een lekkere manier!

Het andere geheim van dit gerecht is het gebruik van een heleboel peterselie. Je mag zelf bepalen of je grote of kleine frittata's bakt – de meest lekkere frittata's die ik gegeten heb waren uiteindelijk ongeveer 2,5 cm dik. Als ze dunner zijn kun je het eigenlijk geen frittata noemen, en dikkere worden te papperig. Je kunt frittata's koud als antipasto serveren of warm als snack, of zelfs als pastagerecht.
P.S. Dit recept is ook briljant met krab of kreeft.

6 grote eieren, liefst biologisch
zeezout en zwarte peper uit de molen
een handvol verse peterselieblaadjes, fijngehakt
de geraspte schil van 1 citroen
het sap van een kwart citroen
1 opgehoopte eetlepel van het stuk geraspte Parmezaanse kaas
180 g verse, gepelde garnalen
olijfolie
een flinke klont boter
een halve gedroogde rode Spaanse peper

Verwarm de oven voor op 220 °C/gasovenstand 7. Klop in een kom de eieren met een snufje zout en peper los en doe er de peterselie, citroenschil, citroensap en Parmezaanse kaas bij. Hak de helft van de garnalen in grove stukjes, laat de rest heel en gooi alles in de kom. Verhit de boter met een flinke scheut olijfolie in een kleine, zware, ovenvaste pan met antiaanbaklaag en schenk het eiermengsel erin. Zet het mengsel op matig vuur, roer het gedurende 1 minuut langzaam door elkaar en zet de pan daarna in de oven. (Je krijgt vaak frittata's die heel goed doorbakken zijn, maar ik zet ze liever iets korter in de hete oven, zodat ze bovenop een beetje kleur hebben en van binnen wel gestold, maar nog niet door en door gaar zijn.) Bak de frittata's 4 tot 5 minuten, tot hij goudkleurig begint te worden – hij zal een beetje rijzen, zodat hij heerlijk luchtig wordt. Strooi de Spaanse peper erover en schuif hem op een bord. Serveer hem met een eenvoudige rucolasalade, lekker brood en een glas goede wijn. Heerlijk.

mijn ideeën over porchetta

Porchetta is een van de meest typisch Italiaanse traktaties. Je kunt het zo eten, zonder meer, met een eenvoudig bijgerecht als aardappelen of groenten, maar het wordt waarschijnlijk toch het meest verkocht als sandwich, tussen twee sneetjes ciabatta met een flinke klodder salsa verde bij een stalletje langs de kant van de weg of op de markt. Het is daar ongeveer even alledaags als fish and chips bij ons in Engeland. Ook nu nog houden veel mensen op het Italiaanse platteland – maar ook sommige stedelingen – varkens in hun eigen achtertuin, vaak samen met een paar kippen en soms wat konijnen; en die achtertuinen zijn dan geen riante lappen grond, maar piepkleine perceeltjes van niet meer dan een paar vierkante meter.

De meeste Italianen zijn erg trots op hun varkens. Varkens zijn in Italië zeer geliefd en worden gerespecteerd op een manier die elders nogal eens zoek is. Er wordt van top tot teen van ze genoten – voor Italianen is prosciutto di Parma, gemaakt van de poot, de Ferrari onder de vleeswaren; de lendestukken en karbonades worden geroosterd; de buik wordt gebruikt voor worstjes en pancetta; de schouder wordt strak opgerold en verwerkt tot coppa di Parma, die zowel rauw als gekookt erg lekker is; en niet te vergeten de lardo, een puur, sneeuwwit, compact, was-achtig vet dat men laat rijpen als een prosciutto en dat soms in de keuken gebruikt wordt, maar meestal gewoon rauw, met een beetje zout, gegeten wordt als onderdeel van antipasti of een schotel met charcuterie. De kop wordt meestal uitgebeend, gedroogd, gekruid met sinaasappelschil en verwerkt tot coppa di testa, inclusief tong, wangen en alles. Het gaat erom dat geen enkel deel van het varken verspild of voor 'afvalworst' gebruikt wordt. Dat wat in Italië nog het dichtst bij 'afvalworst' (oftewel heel fijn gepureerd restvlees) komt, is mortadella, maar zelfs daar zitten in de meeste gevallen ook nog stukjes pistachenoot en truffel in!

Bij het kopen van varkensvlees moet je zoeken naar stukken met vel dat het mooist krokant wordt – het moet niet te vochtig en niet te hard zijn. Om het jezelf gemakkelijk te maken, kun je bij je slager vragen om een half ribstuk met het vel en de buik er nog aan, en hem vragen of hij het voor je uit wil benen. De botten gebruik je als een soort rooster om het vlees op te braden – vergeet dus niet om die mee te nemen. Vraag je slager of hij het stuk vlees voor je inkerft, met ongeveer 1 cm tussenruimte, door het vel en vet heen tot op het vlees. Dat scheelt je een half uur geklooi thuis, en als je hem van tevoren belt om het te bestellen weet ik zeker dat hij het met alle liefde voor je zal doen. Schaam je niet om het te vragen; als het goed is hoort het bij de service.

porchetta

voor 8 personen

het beroemde italiaanse gebraden varkensvlees

1 ribstuk van 3 tot 4 kilo, aan het been
4 eetlepels venkelzaad
3 kleine gedroogde Spaanse pepertjes, verkruimeld
3 eetlepels grof zout, gestampt
4 of 5 laurierblaadjes, in stukjes gescheurd
1 citroen, gehalveerd, de schil geraspt
olijfolie
zeezout en zwarte peper uit de molen
2 stengels bleekselderij, gewassen en grof gehakt
2 wortelen, gewassen en grof gehakt
1 ui, gepeld en grof gehakt
1 bol knoflook, tenen losgehaald, niet gepeld
12 takjes verse rozemarijn, alleen de blaadjes
2 wijnglazen witte wijn
5,5 dl kippen- of groentebouillon

Verwarm de oven op de hoogste stand voor. Leg je uitgebeende en ingekerfde ribstuk met het vel naar beneden op een snijplank. Pak een vijzel, koffiemolen of metalen kom met een deegstok en stamp het venkelzaad met de Spaanse peper en het grove zout door elkaar tot een fijn poeder; doe de laurierblaadjes erbij en stamp ook die fijn. Meng er de citroenschil door en strooi het mengsel gelijkmatig over het hele oppervlak van het vlees.

Rol het buikvlees om het ribstuk heen en bind het strak dicht met 5 of 6 stukken koord om alles goed op z'n plaats te houden. Leg de botten op de bodem van een braadslee op maat en leg het stuk vlees erop. Sprenkel wat olijfolie op het vel, bestrooi het met zout en wrijf dat ook goed in de inkepingen. Zet de braadslee in de voorverwarmde oven, doe snel de deur dicht en verlaag de temperatuur tot 180 °C/gasovenstand 4. Op die manier schroeit het vlees razendsnel dicht en zal het vel blazen vormen. De verlaagde temperatuur zorgt ervoor dat het vlees mooi en gelijkmatig gaart en tegelijkertijd lekker sappig blijft. Het heeft ongeveer 2½ uur nodig. Het mag als je wilt ook best iets langer – daardoor wordt het vlees alleen iets droger, maar het blijft evengoed lekker.

Wanneer het vlees een uur in de oven staat mogen de gehakte selderij, wortel en ui erbij, evenals de losse tenen knoflook, de takjes rozemarijn en de wijn. Schud de braadslee even, zodat er een laagje vet op de groenten komt. Wanneer het stuk vlees gaar is moet je het uit de oven halen en 20 minuten laten rusten. Op de bodem van de braadslee liggen nu de gebraden stukjes groente en een kleverige laag aanbaksel, waarvan je een heerlijke jus kunt maken. Giet het vet af en giet er een beetje van je bouillon bij. Roer de jus nu even goed, terwijl je alle heerlijke stukjes aanbaksel van de bodem losschraapt – je hoeft niet per se alle bouillon te gebruiken. De Italianen houden hun jus, als ze die al gebruiken, meestal nogal licht en naturel, dus dit is precies de consistentie die je wilt hebben.

PIZZA
Insaccati e Prosciutti
Mozzarella fresca
di latte intero o bufala
Parmigiano Reggiano
Farine di prima scelta
Verdure di Stagione
Olio Extra Vergine di oliva
acqua , sale, lievito
Usiamo solo gli ingredienti migliori
MAMMA CHE PIZZA!
Sausages and Parma Ham
Fresh mozzarella cheese
(whole milk or buffalo)
Original Parmesan Cheese
First choice flours
Season's choice vegetables
Top choice Olive Oil
Water, salt, yeast
Flour
ciao

mijn ideeën over pizza

Pizza is waarschijnlijk een van de beroemdste gerechten ter wereld. Ik was kortgeleden nog met mijn studenten op een studiereis in Toscane, en daar was een fantastische Napolitaanse kok die voor ons kookte. Hij vertelde me dat de allereerste pizza een pizza fritta was – het recept staat op pagina 59. Het is eigenlijk een gebakken pizza met kaas, tomaat en oregano, die onder de grill gaat – in één woord verrukkelijk! Ik stond echt versteld, maar het zette me ook aan het denken over de eenvoud waarmee pizza's behandeld moeten worden. Mensen hebben bijvoorbeeld vaak de neiging te veel beleg op hun pizza te doen, waardoor het een soort groentetaart wordt.

Tomaat vormt vaak de basis van het pizzabeleg, en mozzarella is bijna essentieel. Goede pizza's in Italië zijn normaal gesproken zeer spaarzaam belegd en hebben een dunne bodem. De verzengende hitte van de oven en de vloer waarop de pizza gebakken wordt, zetten de gist aan het werk en maken de bodem heerlijk luchtig. Dit jaar ben ik op bezoek geweest bij een pizzeria in Napels, waar de pizza Margarita uitgevonden is en waar ter ere van dat wapenfeit een grote plaquette aan de muur hangt. Eerlijk gezegd vond ik de pizza's in het restaurant helemaal niet zo briljant en de bediening was er vreselijk, maar het feit dat Italianen een dergelijk eenvoudig gerecht vieren en er uit en te na over discussiëren, maakt Italië tot een van de grootste voedselculturen ter wereld. In Italië heb ik de enig juiste manier om pizza te eten geleerd: vouw hem dubbel en eet als een kerel… iedereen die mes en vork gebruikt is een sufferd!

Als je ook maar een béétje redelijke oven hebt, moet je zeker eens een pizzaparty proberen. Vraag je vrienden om drank mee te brengen, dan is het jouw taak om voor een lekkere basistomatensaus (zie pagina 59) te zorgen, lekkere olijven, basilicum, ansjovis en andere soorten beleg naar keuze in huis te halen en die allemaal apart in kommetjes klaar te zetten, zodat iedereen zijn eigen beleg samen kan stellen. Het is echt lachen – ik heb me altijd erg vermaakt op de pizzafeestjes die ik bezocht of die ik zelf georganiseerd had.

Naast eenvoudig beleg is ook een lekker dunne bodem heel belangrijk, en houtskoolovens geven pizza's een fantastische smaak en textuur. Er zijn echter maar heel weinig mensen die thuis een houtoven hebben, dus ben ik op zoek gegaan naar de beste manier om de authentieke pizza thuis het dichtst te benaderen. Het beste wat je kunt doen is je oven opmeten en bij een steenhouwer of bouwbedrijf een plaat graniet of marmer van 2,5 cm dik halen – die gaat echt jaren mee. Je kunt de plaat in de gloeiend hete oven voorverwarmen op dezelfde manier als de bodem van een echte houtoven. Leg de plaat op een metalen rooster zodat je hem, wanneer je zover bent, half naar buiten kunt trekken om je pizza erop te leggen. Je kunt je pizza's ook direct bakken op de plaat van een Aga, als je die hebt. Het resultaat is echt fantastisch. Mocht je een echte houtoven willen aanschaffen, dan kan ik de zelfbouwpakketten van Orchard Ovens van harte aanbevelen. Surf naar www.orchardovens.co.uk. Zelfs de kleintjes zijn goed, en zo kom je ook nog eens in de tuin. Probeer er ook eens vlees in te braden!

pasta per pizza

voor 6 tot 8 middelgrote, dunne pizzabodems

basisdeeg voor pizza

Dit is een bijzonder eenvoudige methode om pizzadeeg te maken. Gebruik bij voorkeur griesmeel om het deeg een authentieke smaak en textuur te geven.

800 g wittebroodmeel van harde tarwe
200 g fijngemalen griesmeel of wittebroodmeel van harde tarwe
1 afgestreken eetlepel fijn zeezout
2 zakjes van 7 g gedroogde gist
1 eetlepel ruwe rietsuiker
ongeveer 6,5 dl lauw water

Maak op een schoon werkvlak een berg van het meel en het zout, met in het midden een kuil van 18 cm doorsnee. Strooi gist en suiker in het lauwwarme water, roer het met een vork door elkaar en giet het mengsel in de kuil in het meel. Roer het water met een vork rond zodat het meel zich langzamerhand met het water mengt. In het begin ziet het eruit als dikke pap, maar ga gewoon rustig door. Wanneer zich een echt deeg begint te vormen en je het niet meer met een vork kunt roeren, moet je je handen met bloem bestuiven en het deeg verder kneden tot zich een bal vormt. Kneed het deeg door je linkerhand te gebruiken om het deeg naar je toe uit te rekken en je rechterhand om het tegelijkertijd van je af te duwen. Doe dit gedurende 10 minuten tot je een glad, elastisch en zacht deeg hebt.

Bestuif het deeg met bloem, dek het af met plasticfolie en laat het 15 minuten bij kamertemperatuur rusten. Dat maakt het makkelijker om het dun uit te rollen. Verdeel het deeg nu in evenzoveel balletjes als je pizza's wilt maken, dat wil zeggen veel kleintjes of een paar grote, maar ik zou zeggen dat zes pizza's een mooi aantal is voor deze hoeveelheid deeg.

Je kunt qua timing de pizza's het best 15 tot 30 minuten voor het bakken uitrollen. Als je langer van tevoren wilt beginnen, kun je beter het in plastic verpakte deeg als een bal in de koelkast bewaren dan uitgerolde pizzabodems een paar uur laten liggen. Neem een stuk deeg, bestuif je werkvlak met bloem of griesmeel en rol het uit tot een cirkel van ongeveer 0,5 cm dik. Scheur een passend stuk aluminiumfolie af, wrijf dat in met olijfolie, bestuif het royaal met bloem of griesmeel en leg de pizzabodem erop. Doe hetzelfde met de andere stukken deeg en leg ze, nadat je ze met meel bestoven hebt, op een stapel. Dek de stapel pizzabodems af met een stuk folie en zet hem in de koelkast.

Als je aan bakken toe bent, moet je de oven voorverwarmen op 250 °C/gasovenstand 9 en is het tijd de pizza's te beleggen. Onthoud: minder is meer. Bak de pizza's als het even kan op een stuk steen in een conventionele oven – zo niet, bak ze dan één voor één op een rooster onder in de oven. (Als je je pizza's op het rooster van je oven bakt, moet je ze niet te groot maken – anders is het lastig manoeuvreren.) Bak de pizza's in 7 tot 10 minuten krokant en goudbruin.

pizzabeleg

Hier zijn mijn acht favoriete soorten beleg – de ingrediënten zijn steeds voldoende voor 1 pizza.

pittige salami, courgette, tomaat en mozzarella

4 eetlepels tomatensaus (zie pagina 59)
6 dunne plakjes stevige courgette
8 basilicumblaadjes
10 dunne plakjes pittige salami
85 g mozzarella
olijfolie
zeezout en zwarte peper uit de molen

Smeer je tomatensaus gelijkmatig uit op de pizzabodem. Leg de courgette en basilicum erop en daarna de salami – die moet als laatste, zodat die dan lekker krokant wordt. Leg kleine stukjes mozzarella op de open plekjes, besprenkel de pizza met olijfolie en bestrooi hem royaal met peper en zout. Bak hem krokant en goudbruin (zie pagina 54).

langzaam gebraden, gesnipperd varkensvlees met tijm, taleggio en rucola met citroendressing

Wat het vlees betreft moet 1 kilo varkensschouderstuk je voldoende vlees opleveren om er een stuk of tien pizza's mee te beleggen. Hoewel de overige ingrediënten voor één pizza zijn, is het onzin om een kleiner stuk vlees klaar te maken – wat over is, is lekker op brood. Dit is ook een fantastische manier om restanten van varkensgebraad te gebruiken.

voor het varkensvlees
1 kilo varkensschouder
2 eetlepels venkelzaad
zeezout en zwarte peper uit de molen
olijfolie

voor het beleg per pizza
2 eetlepels tomatensaus (zie pagina 59)
85 g taleggio
1 theelepel verse tijmblaadjes
een klein handje rucola
het sap van een halve citroen

Verwarm de oven voor op 170 °C/gasovenstand 3. Kerf de varkensschouder in. Stamp het venkelzaad fijn, wrijf het vlees ermee in, bestrooi het met peper en zout en wrijf het in met olijfolie. Braad het vlees minstens 4 uur in de voorverwarmde oven, tot het vlees goed gaar is en makkelijk uit elkaar valt. Laat het afkoelen en trek het met een vork of met je handen uit elkaar. Maak het vlees aan met een beetje van het kookvocht – het heeft bijna de structuur van confit de canard.

Smeer een dun laagje tomatensaus op de pizzabodem en strooi er een handje gesnipperd vlees en wat kleine stukjes taleggio op. Bestrooi de pizza met tijmblaadjes, sprenkel er olijfolie over en bak hem krokant en goudbruin. Maak de rucola aan met een klein beetje citroensap, strooi er wat van op de pizza en zet hem op tafel (zie pagina 54).

aardappel, mozzarella, rozemarijn, tijm en tomaat

6 eetlepels tomatensaus (zie pagina 59)
4 gekookte nieuwe aardappelen
een klein handje verse rozemarijnblaadjes
1 theelepel tijmtopjes
extra vierge olijfolie
citroensap
zeezout en zwarte peper uit de molen
85 g mozzarella

Smeer de tomatensaus gelijkmatig uit over de pizzabodem. Snijd de aardappelen in plakken van 1 cm dik en hussel ze in een kom met de rozemarijn, de tijm, een flinke scheut olijfolie, een klein kneepje citroensap en een snuf peper en zout. Verdeel ze over de tomatensaus en leg er kleine stukjes mozzarella tussenin. Bak de pizza krokant en goudbruin (zie pagina 54).

groene en blauwe druiven, rozemarijn, pijnboompitten en ricotta

Het klinkt je misschien vreemd in de oren, maar dit is echt een fantastisch gerecht als ontbijt of dessert. Vooral met een bolletje vanilleijs – super!

een handvol blauwe en groene druiven, gehalveerd, pitjes verwijderd
1 eetlepel pijnboompitten
een klein handje verse rozemarijn, alleen de blaadjes
2 eetlepels vanillesuiker
1 eetlepel witte wijn
1 opgehoopte eetlepel kruimelige ricotta
extra vierge olijfolie

Meng de druiven, pijnboompitten, rozemarijn, vanillesuiker en witte wijn in een kom en laat dit een paar minuten staan. Strooi het mengsel met sap en al op de pizzabodem. Verkruimel er de ricotta over en besprenkel de pizza met een klein beetje extra vierge olijfolie. Bak de pizza krokant en goudbruin (zie pagina 54).

ei, prosciutto, artisjokken, olijven, mozzarella, tomatensaus en basilicum

6 eetlepels tomatensaus (zie pagina 59)
2 baby-artisjokken (uit een potje, van goede kwaliteit, goed uitgelekt)
3 plakjes prosciutto
een handjevol olijven van goede kwaliteit, zonder pit
1 klein ei, liefst biologisch
85 g mozzarella
extra vierge olijfolie
zeezout en zwarte peper uit de molen

Smeer de tomatensaus gelijkmatig uit op de pizzabodem. Scheur de artisjokken in vier stukken en leg die op de pizza. Leg de plakjes prosciutto erover en bestrooi de pizza met de olijven. Breek het ei erover en leg de in kleine stukjes gescheurde mozzarella op de open plekjes. Sprenkel er extra vierge olijfolie over en bestrooi de pizza met peper en een heel klein beetje zout. Bak de pizza krokant en goudbruin (zie pagina 55).

gerookte pancetta, mozzarella, verse spaanse peper en tomaat

6 eetlepels tomatensaus (zie pagina 59)
85 g mozzarella
1 verse rode Spaanse peper, in dunne ringetjes gesneden
zeezout en zwarte peper uit de molen
4 of 5 dunne plakjes gerookte pancetta
extra vierge olijfolie

Smeer de tomatensaus gelijkmatig uit over de pizzabodem. Scheur de mozzarella in stukjes, verdeel die over de tomatensaus, bestrooi de pizza met zoveel Spaanse peper als je wilt en strooi er peper en zout naar smaak over. Leg de plakjes pancetta erop, zodat die lekker krokant kunnen worden tijdens het bakken en het vet in de pizza trekt. Besprenkel de pizza met extra vierge olijfolie en bak hem krokant en goudbruin (zie pagina 55).

mozzarella, ansjovis, spaanse peper, kappertjes en peterselie

Gebruik hier alleen Spaanse ansjovisfilet uit blik van goede kwaliteit voor, anders kun je deze pizza net zo goed niet maken.

4 ansjovisfilets
½ verse rode Spaanse peper, in plakjes
1 opgehoopte theelepel kleine kappertjes, goed gespoeld als ze uit het zout komen
extra vierge olijfolie
de geraspte schil en het sap van een halve citroen
3 eetlepels tomatensaus (zie pagina 59)
85 g mozzarella
1 eetlepel fijngesneden verse bladpeterselie
zeezout en zwarte peper uit de molen

Snijd de ansjovisfilets in de lengte doormidden en doe ze samen met de in ringetjes gesneden Spaanse peper (gebruik zo veel als je wilt), kappertjes, een paar eetlepels extra vierge olijfolie en de citroenschil in een kom. Knijp het citroensap erover en meng alles goed. Laat de ansjovis 15 minuten in de marinade staan. Smeer de tomatensaus gelijkmatig uit over de pizzabodem en strooi er de in stukjes gescheurde mozzarella over. Leg er een laagje ansjovisfilets op, strooi er de kappertjes en Spaanse peper over en een beetje peterselie en zout en peper naar smaak. Sprenkel er de rest van de marinadeolie over en bak de pizza krokant en goudbruin (zie pagina 55).

het lekkerste knoflookbrood

1 tot 2 tenen knoflook, gepeld
extra vierge olijfolie
1 eetlepel in reepjes gesneden verse bladpeterselie
zeezout en zwarte peper uit de molen

Stamp de knoflook in een vijzel tot puree en roer er 2 of 3 eetlepels extra vierge olijfolie door. Smeer dit mengsel over de pizzabodem en strooi er de peterselie over. Bestrooi de pizza royaal met zwarte peper en een klein beetje zout. Maak vlak voor het bakken kleine inkepinkjes in de pizza en trek die open, zodat er kleine gaatjes in de pizza komen. Bak de pizza krokant en goudbruin en sprenkel er vlak voor het serveren wat extra vierge olijfolie over (zie pagina 55).

pizza fritta

gefrituurde pizza

Toen ik mijn studenten meenam naar Italië om te zien hoe olijfolie gemaakt wordt, aten we deze 'gefrituurde' pizza's in een klein restaurantje, Il Vescovino, in Panzano in de regio Chianti. De kok bakte de dunne bodems in olie, als pappadums, belegde ze daarna vlug met tomatensaus, mozzarella en een klein beetje oregano en schoof ze onder de grill. Het waren de meest luchtige pizza's die ik ooit gegeten had – echt ongelofelijk – en dit is ook hoe de allereerste pizza's gemaakt werden.

1 basisdeeg voor pizza (zie pagina 52)
bloem
plantaardige olie, om in te frituren
2 bollen mozzarella van 150 g elk
desgewenst: 5 theelepels gedroogde oregano

voor de tomatensaus
extra vierge olijfolie
1 teen knoflook, gepeld en in dunne plakjes gesneden
een bosje verse basilicum, alleen de blaadjes
1 blik van 400 g gepelde tomaten in stukjes, van goede kwaliteit
zeezout en zwarte peper uit de molen

Begin met het pizzadeeg en maak vervolgens de tomatensaus. Zet een pan op het vuur, doe er een scheut olie in en bak de knoflook zachtjes aan. Wanneer de knoflook goudbruin begint te worden mag de helft van de basilicum en alle tomaat erbij en breng je het mengsel op smaak met peper en zout. Laat de saus 20 minuten op een zacht pitje pruttelen, prak de tomaat fijn, proef of er nog peper of zout bij moet en zet de saus even apart.

Zet je grill aan op de hoogste stand. Verdeel het deeg in 10 stukken en druk ze op een met bloem bestoven werkvlak plat. Rol ze uit tot een dikte van 0,5 cm en laat ze een minuut of 10 rusten. Zet een koekenpan op hoog vuur, giet er ongeveer 2 cm olie in en bak elke pizza 30 seconden aan elke kant. Haal ze met een tang uit de olie en leg ze op een bakplaat.

Wanneer alle bodems gebakken zijn, is het tijd om ze te beleggen met een eetlepel tomatensaus, wat mozzarella en één of twee blaadjes verse basilicum of gedroogde oregano. Besprenkel de pizza's met olijfolie en leg ze onder de grill tot de kaas bubbelt en het deeg lichtbruin en goed gaar is.

primi

eerste gangen

UN' AVE GIORNI 40. D'INDULIGENZA
1534.
MARIANO LAVENIA

soepen

Soepen van over de hele wereld hebben me nooit echt kunnen verrassen, hoe briljant ook. In Japan verwachtte ik frisse, heldere bouillons; in Frankrijk verwachtte ik gladde, zijdeachtige, elegante soepen, afgemaakt met room of gemaakt op basis van een velouté (een roux van gebakken bloem en boter, waaraan met kleine scheutjes tegelijk bouillon toegevoegd wordt) en op smaak gebracht met een heel leger van speelse garnituren. Dan zijn er nog een paar voorspelbare Britse soepen – op zich even respectabel, maar meestal gemaakt van eenvoudige, inheemse groenten, met een beetje Fransig gedoe erin.

Maar laten we het over Italiaanse soepen hebben! Op mijn rondreis door het land waren het juist de soepen die de meeste verrassingen voor me in petto hadden. Ze zijn ruw en karaktervol – in veel opzichten hetzelfde als de gezichten van sommige Italiaanse oude mensen. Ze hebben wat smaak betreft veel diepgang en dat komt mede door het zonnige mediterrane klimaat, waardoor groenten en kruiden er welig tieren. Gedurende honderden jaren van bittere armoede werden in arbeidersgezinnen die iets lekkerders wilden dan gekookt water en brood, de Italiaanse soepen zoals we die nu kennen ontwikkeld. Een eenvoudige basis van brood en water gebruikt men nog altijd, maar toen er steeds meer verschillende groenten verkrijgbaar werden, werden absolute toppers als ribollita (een heerlijke, dikke broodsoep) en pappa al pomodoro (gemaakt met brood en tomaten) geboren. Toen de bodem en het seizoen bepaalden welke ingrediënten voorhanden waren, ontstonden heerlijke soepen als minestrone (ik beschouw dat altijd als een soort oogstfeest in een pan). Zelfs te lang gekookt, of gemaakt met restjes fijngeprakte pasta, kan minestrone ongelofelijk lekker zijn.

In Italië zijn de mensen, meer dan in enig ander land waar ik geweest ben, altijd voorbereid op gasten die onverwacht aan komen waaien en mee-eten. De arme mamma's zijn het gewend om soepen op te waarderen door er gewoon wat pasta, brood of bonen bij te doen – dat is nooit een probleem.

Ik wil hier nog wel even iets zeggen over de nadruk die ik leg op extra vierge olijfolie van goede kwaliteit. Als ik het daarover heb, dan bedoel ik flessen van € 15 tot € 25, met olie die smaakt naar vers gemaaid gras met een vleugje peper. Dít is het soort olie dat je moet gebruiken om de soepen mee af te maken – het wordt gezien als een van de belangrijke ingrediënten en is dus absoluut geen vrijblijvend toevoegsel. Je hoeft er niet veel van te gebruiken, dus ik zou zeggen: trakteer jezelf op een mooie fles – ik garandeer je dat je het verschil duidelijk zult proeven. Lekkere olijfolie kun je kopen bij goede supermarkten en in speciaalzaken. Maar goed, ik zal nu ophouden met deze lofzang en beginnen met het maken van een pan verdomd lekkere soep – als je maar geen dampende bouillons of Heinz-tomatensoepachtige dingen verwacht zoals sommige gasten in mijn restaurant soms doen... we zijn nu in Italië.

mijn ideeën over minestrone

Hoewel er evenveel recepten voor minestrone bestaan als er dorpen in Italië zijn, bestaan er toch een paar gouden regels die je moet onthouden om ook de meest verwende Italiaan te kunnen bekoren.

• regel nummer 1 – de bouillon. Minestrones kunnen met water of met groentebouillon gemaakt worden, maar de meest gedenkwaardige die ik gegeten heb waren gemaakt van de lichte bouillon die je krijgt als je bollito mista (gemengd gekookt vlees) maakt. Ik raad je aan om een lichte kippenbouillon te gebruiken of, zoals ik soms doe, een stuk gerookte ham met een paar plakjes pancetta, wat wijn, peperkorrels en laurierblaadjes aan de kook te brengen en een paar uur te laten trekken. Ik gebruik die bouillon dan voor mijn minestrone. (De ham is heerlijk met bonen of fijngeprakt op een crostini.) Het koken van ham op deze manier klinkt als iets heel Engels, maar ook in Toscane wordt het heel veel gedaan. Dus kippenbouillon is weliswaar prima, maar toch wilde ik je dit geheim, waarmee je veel indruk op je gasten kunt maken, niet onthouden.

• regel nummer 2 – soffritto. Dit betekent het heel langzaam bakken van groenten (dingen als uien, selderij, knoflook en, in deze soep, ook wortelen en venkel) waardoor je een fantastisch aromatische basis krijgt. Het is een belangrijke eerste stap bij het maken van soep, omdat het alle smaken bij elkaar brengt en intensiveert. Soffritto's worden door heel Italië gebruikt als basis voor risotto, bouillons, stoofpotten en sauzen.

• regel nummer 3 – seizoensingrediënten. Je kunt de eerste twee regels wel goed naleven, maar als je een Italiaan een soep op deze basis serveert, maar met ingrediënten waar het niet de tijd voor is en die niet op de plaatselijke markt verkrijgbaar zijn, zal hij je voor gek verklaren! Dus als je 's winters asperges of doperwten gebruikt, zit je fout. Als je aan het begin van de zomer savooienkool gebruikt (wanneer je asperges en erwten zou moeten gebruiken) ben je ook niet goed bezig. Zorg dus dat je de goede seizoensgroenten hebt. Toen ik dit recept maakte was het vroeg in de herfst in Toscane, en ik was er niet helemaal zeker van welke groenten ik zou moeten gebruiken. Er waren geen erwten of tuinbonen meer en de cavolo nero en kool hadden nog geen nachtvorst gehad, dus ik besloot om voor snijbiet, venkel en courgettes te gaan – erg lekker.

Als je je aan deze drie regels houdt, dan kun je mijn recept voor herfstminestrone van pagina 66 als richtlijn gebruiken om jouw eigen versie te maken. En denk dan aan al die half opgebruikte zakken en pakken pasta die achter in je keukenkastje staan, met stukjes en brokjes onderin – dit is een perfect recept om die eens allemaal op te maken. Spaghetti is het soort pasta dat het meest in deze soep gebruikt wordt, maar met een allegaartje wordt het veel authentieker, vind ik.

Gedroogde en gewelde bonen, of voorgekookte uit een pot, zijn goed, maar als je op de markt verse kunt krijgen is dat des te lekkerder. Gedroogde bonen moeten een nacht wellen. (Zie pagina 256 voor een recept voor het koken van zowel gedroogde als verse bonen.)

minestrone d'inizio autunno

voor 4 tot 6 personen

minestrone van de vroege herfst

- 200 g cannelini- of borlottibonen, verse, of gedroogde die een nacht in de week gestaan hebben
- 1 laurierblaadje
- 1 tomaat, geplet
- 1 kleine aardappel, geschild
- zeezout en zwarte peper uit de molen
- olijfolie
- 4 plakken gerookte pancetta of bacon
- 2 kleine rode uien, gepeld en fijngehakt
- 2 wortelen, geschild en gehakt
- 2 stengels bleekselderij, schoongemaakt, gehakt
- halve knol venkel, gehakt
- 3 tenen knoflook, gepeld en fijngehakt
- een klein bosje verse basilicum, blaadjes en steeltjes gescheiden
- 2 blikken van 400 g gepelde tomaten in stukjes, van goede kwaliteit
- 2 kleine courgettes, in kwarten en vervolgens in plakjes gesneden
- een glas rode wijn
- 200 g snijbiet of spinazie, gewassen en grof gesneden (inclusief stelen en nerven)
- 5,5 dl kippen-, ham- of groentebouillon
- 50 g gedroogde pasta
- een blok Parmezaanse kaas, om erbij te serveren

Doe de verse – of gedroogde en gewelde – bonen samen met het laurierblad, de geplette tomaat en de aardappel in een pan water – dat geeft de bonen smaak en de velletjes worden er zachter van. Kook ze gaar – controleer dat door er eentje te proeven. Ze moeten zacht zijn. Gedroogde bonen kunnen wel een uur nodig hebben, maar verse moet je al na 25 minuten gaan testen. Giet ze af (bewaar ongeveer een half glas van het kookvocht) en gooi het laurierblad, de tomaat en de aardappel weg. Breng de bonen op smaak met peper en zout en een scheutje olie.

Terwijl de bonen staan te koken kun je je soffritto maken. Zet een pan met een flinke scheut olijfolie op het vuur en doe, wanneer de olie goed heet is, de gehakte pancetta of bacon, de uien, wortel, selderij, venkel, knoflook en de fijngehakte basilicumsteeltjes in de pan. Fruit alles langzaam, met het deksel schuin op de pan, gedurende 15 tot 20 minuten op een laag pitje, tot alle groenten zacht, maar nog niet bruin zijn. Doe de stukjes tomaat, de courgette en de rode wijn erbij en laat het mengsel 15 minuten zachtjes pruttelen.

Voeg nu de snijbiet of spinazie, de bouillon en de bonen toe. Stop de droge pasta in een plastic zak, knijp alle lucht eruit en bind de zak dicht. Sla er zachtjes op met een deegroller om de pasta in kleine stukjes te breken. Knip de zak open en kieper de inhoud in de soep. Roer en laat de minestrone op het vuur staan tot de pasta gaar is.

Als je vindt dat de soep er te dik uitziet, kun je er wat extra bouillon of kookvocht bij doen om hem een beetje te verdunnen. Proef en breng hem desgewenst op smaak met peper en zout. Bestrooi de soep voor het serveren met wat gesnipperde basilicum en sprenkel er een paar druppels extra vierge olijfolie over. Leg een blok Parmezaanse kaas en een rasp op tafel, zodat iedereen zichzelf kan bedienen. Hemels!

pappa al pomodoro

voor 4 personen

soep van brood en tomaten

Deze Toscaanse soep is echt heerlijk – het is een soep die iedereen zou moeten proberen. Alleen al de gedachte eraan doet me het water in de mond lopen. Het is een gezinsvriendelijke soep – ook baby's en grootouders (beide zonder tanden!) kunnen ervan smullen. Ik heb er wat geroosterde kerstomaatjes aan toegevoegd, maar het gaat ook prima met alleen tomaat uit blik. Het mooiste is bovendien dat je deze soep binnen 20 minuten op tafel hebt staan. Aan de slag dus!
P.S. Gebruik oud wit boerenbrood – niet van dat voorgesneden wattenspul uit de fabriek.

500 g rijpe kerstomaatjes
3 tenen knoflook, gepeld en in dunne plakjes gesneden
een grote bos verse basilicum, de blaadjes apart, de steeltjes fijngehakt
de beste extra vierge olijfolie die je kunt vinden
zeezout en zwarte peper uit de molen
2 blikken van 400 g gepelde tomaten, van goede kwaliteit
500 g of 2 flinke handenvol oud brood van goede kwaliteit

Prik gaatjes in de kerstomaatjes en hussel ze met één in plakjes gesneden teen knoflook en een kwart van de basilicum door elkaar. Besprenkel ze met extra vierge olijfolie, strooi er peper en zout over, leg ze op een bakplaat en bak ze 20 minuten in een op 180 °C/gasovenstand 4 voorverwarmde oven. De reden waarom je dit moet doen is dat de smaak dan veel intenser en geconcentreerder wordt.

Verhit een scheut olijfolie in een grote pan en doe er de rest van de knoflook en de basilicumsteeltjes bij. Roer, en laat het mengsel een minuut bakken tot het zacht is. Doe de blikken tomaat erbij, vul een van de blikken met water en giet ook dat in de pan. Steek de tomaten met een lepel stuk, breng de soep aan de kook en laat hem 15 minuten pruttelen.

Scheur het brood in stukjes en doe die in de pan. Meng alles goed en doe er zout en peper naar smaak bij. Snipper de basilicumblaadjes in de soep en laat hem nog 10 minuten op een laag pitje pruttelen. Intussen zijn ook de geroosterde kerstomaatjes klaar. Schep ze van de plaat en vergeet niet al het kostelijke aanbaksel van de bodem van de plaat te schrapen. Doe die samen met het vocht, de basilicum en de olie van de plaat in de soep.

Roer de soep even goed door – het is de bedoeling dat hij een dikke, zijdeachtig papperige textuur heeft. Als het nodig is, mag er wat water bij. Zet nu de pan van het vuur en roer 6 of 7 eetlepels extra vierge olijfolie door de soep. Schep de soep in kommen en strooi er voor het serveren desgewenst nog wat gesnipperde basilicum over. Het belangrijkste bij deze soep is de heerlijk intense, zoete smaak van tomaat en basilicum.

mijn ideeën over ribollita

Ribollita betekent letterlijk 'opnieuw gekookt'. Tegenwoordig staat het voor een Toscaanse soep van bonen, brood en cavolo nero, maar traditioneel werd ribollita gemaakt van kliekjes soep van de vorige dag. De restjes werden erg dik en konden met een beetje varkensvet in de koekenpan tot een soort aardappelkoek of pastei gebakken worden – weergaloos!

Er bestaat vaak verwarring over hoe een ribollita eigenlijk hoort te zijn. Het is iets heel anders dan minestrone, want het is geen bouillon en er zit ook geen pasta in. Het lijkt vanwege de dikte en het brood in feite meer op papa al pomodoro. Dit is echt Italiaans boerenvoedsel, en het werd erg veel gegeten in de tijd dat er nog geen centrale verwarming bestond en er nog veel fysiek zware arbeid verricht werd. Ik vind dat dit recept de essentie van echt boerenvoedsel heel goed weergeeft – goedkoop, lekker krachtvoer. Warm het vooral ook de volgende dag op – daar wordt de smaak alleen maar intenser van.

Ik neem mijn studenten elk jaar mee naar Toscane om ze te laten zien hoe olijfolie geperst wordt. Op een van die reizen gingen we op één dag bij verschillende huizen langs. Vanzelfsprekend zijn we bijzonder dankbaar voor de geboden gastvrijheid, en we willen absoluut niet onbeleefd overkomen, maar op die dag kregen we maar liefst *vier keer* ribollita voorgeschoteld! Het was zeker leerzaam – ze waren allemaal totaal verschillend van smaak en zagen er ook steeds weer anders uit – het varieerde van verrukkelijk tot uiterst matig, en van heel mooi en aantrekkelijk tot een soort grauwe smurrie. Het was echter wel zo dat de lelijkste ribollita verreweg de lekkerste bleek en dat de mooist uitziende naar aangebrande melk smaakte. Hij was die dag gemaakt door een jonge gozer die het brood had laten verbranden, maar we hebben ons bord toch leeggegeten en we bleven lachen!

Cavolo nero is de beroemde Italiaanse zwarte kool – als je het niet bij je supermarkt kunt krijgen, dan hebben ze het misschien wel op een boerenmarkt bij je in de buurt. Je zou echter ook de buitenste bladeren van een donkere koolsoort als savooienkool of groene kool kunnen gebruiken. Als je een echte lekkerbek bent, kun je ook zaadjes van cavolo nero bestellen en ze zelf in je moestuin zaaien, zoals mijn vader en ik ook doen. Wij kopen ons zaad gewoonlijk bij Johnsons Seeds in Suffolk. Hun internetadres is www.johnsons-seeds.com en het telefoonnummer is +44 1638 751 161. (Het koolzaad dat wij bestellen heet 'Black Tuscany'.) Het mooie van cavolo is dat je deze kool zes maanden per jaar kunt kweken en dat de kolen, als je de buitenste bladeren plukt wanneer je ze nodig hebt, gewoon weer aangroeien – zelfs in plantenbakken in de vensterbank. Fantastisch!

Mijn favoriete ribollitarecept is dat van pagina 72. Ik geef aan dat je er zolfinibonen voor moet gebruiken. Dat zijn Toscaanse witte bonen die iets kleiner zijn dan cannellinibonen, en die ongelofelijk romig en lekker van smaak zijn. Italiaanse boeren proberen wanhopig om ze in grotere hoeveelheden te telen, maar de oogsten blijven erg mager. Daag je plaatselijke delicatessenwinkel eens uit en vraag of zij ze voor je in huis willen halen. Als alternatief kun je ook geweekte gedroogde cannellinibonen gebruiken, of voorgekookte bonen uit een pot – die doen het ook prima in deze soep. Vergeet niet dat gedroogde bonen een hele nacht in de week moeten staan. (Zie pagina 256 voor het koken van gedroogde en verse bonen.)

la mia ribollita preferita

voor 4 tot 6 personen

mijn favoriete ribollita

310 g zolfini of cannellinibonen, verse, of gedroogd en een nacht geweekt
1 laurierblad
1 tomaat, geplet
1 kleine aardappel, geschild
2 kleine rode uien, geschild
2 wortelen, geschild
3 stengels bleekselderij, schoongemaakt
3 tenen knoflook, gepeld
olijfolie
een snufje gemalen venkelzaadjes
een snufje gedroogde rode Spaanse peper
1 blik van 400 g gepelde tomaten in stukjes, van goede kwaliteit
310 g cavolo nero, blaadjes en steeltjes fijngesneden
2 flinke handenvol oud brood van goede kwaliteit, in stukken gescheurd
zeezout en zwarte peper uit de molen
de beste extra vierge olijfolie die je kunt vinden

Doe je verse of geweekte gedroogde bonen samen met de laurier, tomaat en aardappel in een pan water – daardoor krijgen de bonen smaak en worden de velletjes zachter. Kook ze tot ze zacht zijn – proef er eentje om dat te controleren. Gedroogde bonen hebben soms wel een uur nodig, verse moet je al na 25 minuten testen. Giet ze af (bewaar ongeveer een half glas van het kookvocht) en gooi het laurierblad, de tomaat en de aardappel weg.

Hak de uien, wortelen, selderij en knoflook fijn. Zet een pan met een flinke scheut olijfolie op het vuur en doe de groenten erin met het gemalen venkelzaad en de Spaanse peper. Fruit ze 15 tot 20 minuten op laag vuur met het deksel schuin op de pan tot de groenten zacht, maar nog niet bruin zijn. Doe de tomaten erbij en laat die een paar minuten zachtjes meepruttelen.

Doe de gekookte bonen inclusief een klein beetje van het kookvocht in de pan en laat ze weer aan de kook komen. Roer er de gesneden cavolo door (het lijkt een heleboel, maar het slinkt heel erg), maak het brood nat met het kookvocht en roer ook dat erdoor. De soep moet wel dik, maar niet droog zijn, dus als het nodig is mag je er nog wat extra kookvocht bij doen om hem iets te verdunnen. Laat de soep 30 minuten doorkoken – hij moet zijdeachtig dik worden.

Breng de ribollita op smaak met peper en zout en roer er vlak voor het serveren 4 flinke scheuten lekkere Toscaanse extra vierge olijfolie door om de soep een glanzende, fluwelen textuur te geven. Serveer deze soep op een koude winterdag, met een heleboel glazen goede Chianti!

zuppa di baccalà

voor 6 personen

soep van gezouten kabeljauw

Wist je dat kabeljauw ooit hooggeprezen, waardevolle handelswaar was? Veel oorlogen en zeeslagen zijn op kabeljauw gewonnen, want vroeger waren de schepen weken of maanden op zee, en zeelui hadden een bijzonder ongezond dieet; de gezouten kabeljauw aan boord was hun bron van proteïne, hield ze op de been en gaf ze voldoende energie om als dat nodig was van boord te springen om een stevig robbertje te vechten! Alle culturen zijn op een gegeven moment begonnen met het zouten van vis – het Iberisch schiereiland en Scandinavië zijn tegenwoordig de bekendste producenten, maar ook de Italianen nemen een aardig deel van de productie voor hun rekening. Eeuwen geleden was het vervoer van vis in een verduurzaamde vorm de enige manier om vis naar de binnenlanden van Italië te krijgen. Het klinkt logisch, en dat is ook precies de reden waarom de Toscaanse keuken hoofdzakelijk op vlees en bonen gebaseerd is. Vroeger werd in de gangbare visrecepten alleen verduurzaamde vis of verse zoetwatervis gebruikt.

Tenzij je in een land woont waar gezouten kabeljauw gemeengoed is, zoals Portugal of Spanje, is die vis alleen verkrijgbaar bij goede delicatessenwinkels. Ga op zoek naar de echte baccalà, maar als je er echt niet aan kunt komen, kan dit recept ook gemaakt worden met verse vis die je zelf een nachtje in het zout legt. Omdat gezouten kabeljauw van zichzelf al enorm zout is, moet je bij deze soep bijzonder voorzichtig zijn met het toevoegen van zout, of dat helemaal weglaten. En als je het al gebruikt, dan pas helemaal op het laatst.

300 g gezouten kabeljauw of 600 g verse kabeljauw-, schelvis- of zeeduivelfilets
1 witte ui, gepeld
2 kleine wortelen, geschild
2 stengels bleekselderij, schoongemaakt, de bleekgroene blaadjes bewaard
2 tenen knoflook, gepeld
een klein bosje verse bladpeterselie, steeltjes en blaadjes apart
extra vierge olijfolie
1 kleine rode gedroogde Spaanse peper, verkruimeld
2 blikken van 400 g gepelde tomaten in stukjes, van goede kwaliteit
4,25 dl lichte kippenbouillon
zeezout en zwarte peper uit de molen
het sap van 1 citroen

Verse kabeljauw, schelvis of zeeduivel de avond tevoren in een paar handenvol zout leggen en voor gebruik goed afspoelen. De echte gezouten kabeljauw van tevoren 24 uur in de week leggen en het water om de paar uur verversen. Op die manier neemt de vis weer vocht op en raakt hij het grootste deel van het zout kwijt. (Is de vis meer dan 2 cm dik, dan 36 uur weken.)

Hak de ui, wortelen, selderij, knoflook en peterseliesteeltjes. Verhit een scheut olijfolie in een pan en doe er de gehakte groenten, peterseliesteeltjes en gedroogde Spaanse peper in. Fruit de groenten 15 tot 20 minuten op een laag pitje met het deksel schuin op de pan tot ze zacht, maar nog niet bruin zijn. Doe de tomaten erbij, laat die 10 minuten meepruttelen, giet de bouillon erbij en laat de soep weer aan de kook komen.

Steek de stukken tomaat met een houten lepel kapot en doe de filets in de soep. Laat ze 15 minuten meepruttelen, tot de vis net gepocheerd is en uit elkaar valt als je er met een vork in prikt. Vis de stukjes vel uit de pan, spatel de vlokken vis voorzichtig door de soep, proef en voeg indien nodig een klein beetje zout of peper toe en een kneepje citroensap. Hak de peterselie- en selderijblaadjes en strooi die over de soep. Sprenkel royaal extra vierge olijfolie over de soep.

pasta e ceci

voor 4 personen

pasta met kikkererwten

Je kunt erover discussiëren of dit een soep of een pastagerecht is, maar ik vind dat het iets meer naar soep neigt – daarom staat het ook in dit hoofdstuk! Het verwante pasta e fagioli is een dikkere soep met rode bonen, maar volgens mij is dit eenvoudige, verrukkelijke gerecht op basis van kikkererwten precies waar het in de Italiaanse keuken om draait…

1 kleine ui, gepeld en fijngehakt
1 stengel bleekselderij, schoongemaakt en fijngehakt
1 teen knoflook, gepeld en fijngehakt
extra vierge olijfolie
een takje verse rozemarijn, alleen de naaldjes, fijngehakt
2 blikken kikkererwten à 400 g
5 dl kippenbouillon
100 g ditalini of andere Italiaanse 'soep'pasta
zeezout en zwarte peper uit de molen
desgewenst: een klein handje verse basilicum of peterselie, alleen de blaadjes, in stukjes gescheurd

Doe de fijngehakte uien, selderij en knoflook in een pan met een beetje olijfolie en de rozemarijn en fruit ze 15 tot 20 minuten met het deksel op de pan op zo laag mogelijk vuur tot alle groenten zacht zijn, maar nog niet verkleurd.

Giet de kikkererwten af, spoel ze met koud water af, doe ze ook in de pan en giet de bouillon erbij. Laat ze een half uur op matig vuur koken en schep met een schuimspaan de helft van de kikkererwten uit de pan in een kom.

Pureer de soep in de pan met behulp van een staafmixer. Als je die niet hebt, kun je het in plaats daarvan ook in een keukenmachine doen en de puree daarna weer terug in de pan schenken. Doe de apart gehouden kikkererwten en de pasta bij de kikkererwtenpuree, voeg peper en zout toe en laat de soep zachtjes pruttelen tot de kikkererwten zacht zijn en de pasta gaar is.

Als de soep nu te dik blijkt, kun je er een beetje kokend water bij gieten om hem te verdunnen, maar dan moet er ook wat extra peper en zout bij. Serveer de soep met een scheutje extra vierge olijfolie van goede kwaliteit. Heerlijk met een paar verse, gesnipperde blaadjes basilicum. Een echte traktatie.

il miglior brodo siciliano di aragosta

de lekkerste siciliaanse kreeftenbouillon

voor 4 tot 6 personen

Als je echt indruk op mensen wilt maken, moet je deze soep voor ze koken. Ik weet dat kreeft als behoorlijk duur beschouwd wordt, maar voor speciale gelegenheden kun je je best een keer te buiten gaan. Laat je geen voorgekookte of dode kreeft in je maag splitsen – je moet absoluut levende hebben. Tegenwoordig moet zelfs een supermarkt in staat zijn je levende kreeften te leveren, en zo niet, nou… dan trek je de manager gewoon even aan zijn jasje! Je kunt deze soep ook proberen met verse garnalen, langoustines of krab. Het pici-deeg is ongelofelijk gemakkelijk te maken, maar je mag er gerust voor kiezen om in plaats daarvan in stukjes gebroken gedroogde lasagnevellen of spaghetti te gebruiken.

Ik maak royaal gebruik van kaneel en amandelen in dit gerecht, waarvoor ik inspiratie kreeg toen ik op de Egadi-eilanden voor de westkust van Sicilië was. Ze liggen vlak bij Tunesië, dus de plaatselijke keuken is beïnvloed door de vele Arabische en Griekse invasies.

1 recept voor deeg voor pici-pasta (zie pagina 105) of 150 g gedroogde lasagnevellen, in stukjes gebroken
2 levende kreeften van 1 kg elk
extra vierge olijfolie
1 grote witte ui, gepeld en fijngehakt
6 tenen knoflook, gepeld en fijngehakt
1 grote wortel, geschild en fijngehakt
1 kaneelstokje
1 of 2 kleine rode Spaanse pepertjes, verkruimeld
1 theelepel venkelzaad, fijngestampt
een halve fles witte wijn (liefst Siciliaanse)
8,5 dl passata of 3 blikken van 400 g gepelde tomaten, in stukjes, gepureerd
zeezout en zwarte peper uit de molen
een flinke handvol amandelen, met vel
een klein handje verse basilicum, alleen de blaadjes

Maak een waterdeeg voor pasta en rol het tot pici. Als je gedroogde pasta gebruikt, kun je meteen aan de soep beginnen. Zet om te beginnen een grote pan op een heel laag vuur. Het meest vriendelijke wat je nu met de levende kreeften kunt doen is de punt van een groot mes op het kroontje boven op de kop zetten en er precies tussen de ogen met een flinke stoot dwars door prikken. Je kunt ze als je wilt ook een half uur in een klamme theedoek in de koelkast leggen. Daardoor worden ze slaperig en rustig. Als je de kreeft eenmaal doodgemaakt hebt, moet je de kop van de staart losdraaien en eraf trekken. Doe dit met beide kreeften en leg de staarten en scharen zolang opzij. Snijd nu de kreeftenkoppen open. Vlak bij de ogen zie je een klein, grijs maagzakje zitten – dat gooi ik liever weg. Nu hoef je alleen de kop nog in stukken te snijden en al het bruine vlees en ander spul apart te houden.

Giet een flinke scheut olijfolie in de hete pan en gooi alle stukjes kop en poot erbij. Je kunt het vuur nu hoog zetten. Doe de uien, knoflook, wortel, Spaanse peper, het kaneelstokje en het venkelzaad in de pan. Roerbak deze basis voor je soep gedurende 15 minuten – de uitjes moeten een beetje kleur krijgen zonder dat ze verbranden. Als de pan te heet wordt, giet je er gewoon wat water in.

Giet de witte wijn erbij en laat die 5 minuten borrelend koken voordat je er de passata en eenzelfde hoeveelheid water bij doet. Laat de soep weer aan de kook komen, zet het vuur laag en laat de soep 20 minuten tot een half uur zachtjes trekken. Proef de bouillon – hij moet behoorlijk sterk en intens van smaak zijn. Nu is het tijd om een vergiet op een andere grote pan te zetten en de soep er voorzichtig door te gieten. Wrijf de schalen met de achterkant van een lepel plat en laat

ze 5 minuten uitlekken om er de laatste druppel smaak uit te peuren. Als de schalen echt helemaal uitgedruppeld zijn mag je ze weggooien. Zet de soep weer op het vuur – hij moet nu een tomatensoepachtige textuur hebben. Als hij veel dikker is moet je er wat water bij doen.

Snijd de kreeftenstaarten dwars door de schaal in plakjes van 2,5 cm breed en doe die bij de bouillon. Kraak de scharen, pulk het vlees eruit en doe ook dat bij de bouillon. Laat de soep nog 8 minuten op het vuur staan. Kook ondertussen de pasta in gezouten kokend water, giet de pici af en laat ze 4 tot 5 minuten in de soep meekoken.

Hak de amandelen heel fijn of maal ze in een keukenmachine, en roer ze door de soep. Proef, en voeg zo nodig zout of peper toe. Verdeel de soep over vier kommen. Snipper de basilicum over de soep en sprenkel er nog wat extra vierge olijfolie van goede kwaliteit op.

minestra di piselli di altamura

voor 4 personen

erwtensoep uit altamura

Toen ik in Altamura was, in Apulië, werkte ik bij een bakkersfamilie. Ze woonden met z'n allen in één groot huis, waarin elk deel van de familie zijn eigen woonkamer en keuken had. Toen ik op een dag met ze mee naar huis ging, werden er in vier verschillende keukens vier verschillende maaltijden bereid – heel surrealistisch. Deze erwtensoep was een van de gerechten die klaargemaakt werden. Hij is heel gemakkelijk: slechts 4 ingrediënten en 15 minuten pruttelen, dat is alles. Ik heb deze soep alleen nog maar met vers gedopte erwten gemaakt, maar het kan ook met erwten uit de diepvries. Als ik verse erwten gebruik, maak ik de soep nog extra lekker door de peulen van de erwten met de bouillon mee te laten koken. Dat kun je doen terwijl je de uitjes bakt. Vervolgens giet je de bouillon door een zeef bij de uitjes en de erwten, en vul je een pan met water om de spaghetti te koken terwijl de soep staat te pruttelen.

olijfolie
2 middelgrote uien, gepeld en fijngehakt
4 flinke handenvol vers gedopte erwten
1 liter kippenbouillon
250 g gedroogde spaghetti, in stukjes van ongeveer 2,5 cm gebroken
zeezout en zwarte peper uit de molen
desgewenst: verse munt, basilicum en rozemarijn,1 takje van elk
extra vierge olijfolie
een klein handje verse bladpeterselie, gehakt

Giet een flinke scheut olijfolie in een pan, doe de uitjes erbij en laat die 10 minuten op laag vuur bakken. Doe de erwten en de kippenbouillon erbij, laat ze aan de kook komen en een minuut of tien pruttelen. Breng een pan gezouten water aan de kook. Kook je stukjes spaghetti de helft van de tijd die op de verpakking staat aangegeven, giet ze af en doe ze bij de soep om verder gaar te koken. Het is handig om de takjes kruiden bij elkaar te binden voor je ze in de soep gooit, zodat je ze er voor het serveren makkelijk weer uit kunt vissen. Proef de soep als de stukjes pasta gaar zijn en breng hem op smaak met peper en zout. Verdeel de soep over de kommen, sprenkel er wat extra vierge olijfolie over en strooi er peterselie op.

PASTA

pasta

Wat kan ik in hemelsnaam over pasta zeggen…? Nou, als je het echt wilt weten: het moment dat ik stopte met het koken van de slappe, plakkerige, saaie, voorspelbare pasta en begon te werken met echt lekkere pasta en met ingrediënten die de Italianen thuis gebruiken, heeft mijn kookstijl voor altijd veranderd. Toen mijn mentor, Gennaro Contaldo, me vertelde dat een bord pasta dat ik voor hem had klaargemaakt echt perfect en precies zo was als ze het bij hem thuis in Italië maakten, gaf me dat veel zelfvertrouwen en was ik de koning te rijk.

Pasta is leuk, moet met veel liefde gemaakt en vervolgens gulzig en snel en met het nodige geslurp en gesmak gegeten worden! Maar het leukste is nog wel de vraag die ik me elke keer stel als ik zelf pasta maak: is het niet te gek dat je uit water, bloem en eieren zoiets lekkers kan maken? Drie alledaagse ingrediënten die we als vanzelfsprekend beschouwen en die op zich eigenlijk vrij saai zijn, maar die door ze tot een elastisch deeg te kneden en in ontelbare vormpjes uit te rollen, te snijden of te stansen, op duizenden manieren op smaak en kleur gebracht kunnen worden. Ik verbaas me er nog altijd over! Bovendien is pasta met een beetje gezond verstand en respect heel gemakkelijk te combineren met zowel groenten als vlees en vis – eigenlijk met alles wat de grote man boven je in de aanbieding heeft – om een verrukkelijk maal te maken dat je een gevoel geeft alsof je een heel dikke knuffel van een Italiaanse mamma gekregen hebt!

In de meeste recepten in dit hoofdstuk wordt gedroogde pasta gebruikt, maar ik geef je ook twee geniale recepten om het vers te maken – eentje met eieren, op pagina 86, en eentje van alleen bloem en water in het recept voor pici con ragù op pagina 105. Waag een poging en geniet ervan. Bedenk dat het gaat om de slag die je te pakken moet krijgen, het is geen wetenschap!

vier generaties pastamaaksters

basisrecept voor vers eierpastadeeg

voor genoeg pasta voor 4 personen

Probeer Tipo '00' in huis te halen – dat is zeer fijn gezeefde bloem die meestal voor eierpasta of cake gebruikt wordt. In Italië wordt het farina di grano tenero genoemd, wat zoveel als 'zachte' bloem betekent. Ik gebruik normaal gesproken eieren om mijn pasta te maken, zoals hier – je kunt er 6 hele eieren voor gebruiken of, als je het rijker en geler wilt maken, 12 dooiers.

600 g Tipo '00'-bloem
6 eieren of 12 dooiers, liefst biologisch

Zeef de bloem op een werkvlak of in een kom. Maak een kuiltje in het midden, breek de eieren en doe ze in het kuiltje. Klop de eieren met een vork glad. Meng de eierstruif zo goed mogelijk door de bloem, zodat je een niet te plakkerige massa hebt. Doe nu wat bloem op je beide handen en begin te kneden. Dit is het moment waarop je je helemaal mag laten gaan. Leef je uit! Uiteindelijk moet je een mooie bal glad, zijdeachtig en elastisch deeg krijgen. Dek het deeg af met plasticfolie en laat het ongeveer anderhalf uur in de koelkast rusten voordat je het uitrolt en er de gewenste vorm aan geeft.

pasta alla norma

voor 4 personen

pasta van norma

Dit is een klassiek Siciliaans pastagerecht, waar elke eilandbewoner mee opgegroeid is. (Ik heb geen idee wie Norma is, maar het zal ongetwijfeld een toffe tante zijn!) Ik vind deze versie vooral zo lekker omdat de aubergines niet in blokjes maar in reepjes gesneden zijn, en op de een of andere manier lijkt het daardoor anders te smaken. Ook wat oregano bij de aubergine tijdens het bakken doet wonderen. Op Sicilië wordt het gerecht altijd gegarneerd met gezouten ricotta, maar hoewel ik in Londen wel winkels weet waar ze het hebben, is dat vrij lastig te krijgen. In plaats van gezouten ricotta kun je ook Parmezaanse kaas of pecorino gebruiken.
P.S. Op de foto heb ik in plaats van de harde, gezouten ricotta wat verse ricotta over de pasta verkruimeld – dat was ook heel lekker.

2 grote, stevige aubergines
extra vierge olijfolie
desgewenst: 1 gedroogde rode Spaanse peper, verkruimeld
4 tenen knoflook, gepeld en in dunne plakjes gesneden
een grote bos verse basilicum, steeltjes fijngehakt, blaadjes apart
1 eetlepel gedroogde oregano
1 theelepel lekkere kruiden- of wittewijnazijn
2 blikken van 400 g gepelde tomaten, van goede kwaliteit, fijngehakt, of 5,5 dl passata
zeezout en zwarte peper uit de molen
450 g gedroogde spaghetti
150 g gezouten ricotta, pecorino of Parmezaanse kaas, geraspt

Snijd mooie, stevige aubergines in de lengte in kwarten. Als ze van binnen zacht zijn en vol pitjes zitten, snijd dan de kern eruit en gooi die weg. Snijd de kwarten dan overdwars in stukjes ter grootte van een vinger. Zet een grote pan met antiaanbaklaag op het vuur en giet er een beetje olie in. Bak de aubergine in twee porties en doe er als het nodig is nog wat extra olie bij (maar de stukken aubergine moeten zeker niet te vet worden). Schud de pan zodat de stukken aubergine overal een vettig laagje krijgen en bestrooi ze met gedroogde oregano – de smaak van de aubergine wordt hierdoor echt heerlijk. Keer de stukken om met een tang en laat ze aan alle kanten goudbruin bakken. Schep de eerste lading als die klaar is op een bord en ga verder met de rest.

Als alle aubergine gebakken is, kan de eerste lading er weer bij in de pan – dit is het moment waarop ik er soms stiekem wat Spaanse pepertjes bij doe, maar dat is mijn afwijking, het hoeft zeker niet! Zet het vuur lager, giet wat olijfolie in de pan en doe er de knoflook en basilicumsteeltjes bij. Roer, zodat alles gelijkmatig bakt, en giet er dan een scheutje kruidenazijn bij. Voeg ook de tomaten uit blik toe, die je van tevoren even kunt hakken of malen zodat de stukken tomaat niet te groot zijn. Laat het zaakje 10 tot 15 minuten pruttelen, proef het en breng het op smaak met peper en zout. Scheur de helft van de basilicumblaadjes in stukjes en roer ze door de saus.

Doe je spaghetti in een pan gezouten kokend water en kook de pasta volgens de aanwijzingen op de verpakking. Laat de spaghetti wanneer die al dente is uitlekken in een vergiet, houd een klein beetje van het kookvocht apart en doe de pasta weer terug in de pan. Doe er de Norma-saus en het apart gehouden kookvocht bij, zet de pan op het vuur en hussel alles goed door elkaar. Proef, voeg zo nodig zout en peper toe en verdeel het gerecht over de borden door voor iedere portie de pasta om een lepel te draaien. Als er nog saus is achtergebleven in de pan, kun je die erover scheppen. Strooi de rest van de basilicumblaadjes en de geraspte kaas op de pasta en sprenkel er wat olijfolie over.

linguine alla carbonara di salsiccia

voor 4 personen

carbonara met worst

Dit lijkt net een ontbijtgerecht van pasta, en het is absoluut verrukkelijk! Als je van worstjes en eieren houdt, dan is dit echt iets voor jou. Het ziet er niet alleen indrukwekkend uit, maar het is ook zo klaar.
P.S. Er is een subtiel verschil tussen een gladde, zijdeachtige eiersaus en roereieren – beide smaken heerlijk, maar zacht en zijdeachtig heeft in dit geval verreweg de voorkeur. Je kunt dit laatste gemakkelijker bereiken als er iemand is die je helpt door de pasta met het eimengsel te husselen terwijl jij de andere ingrediënten erbij doet.

4 biologische Italiaanse worstjes van goede kwaliteit
olijfolie
4 dikke plakken pancetta, in stukjes gehakt
zeezout en zwarte peper uit de molen
450 g gedroogde linguine
4 grote eidooiers, liefst biologisch
1 dl slagroom
100 g van het stuk geraspte Parmezaanse kaas
de geraspte schil van 1 citroen
een takje verse bladpeterselie, gehakt
extra vierge olijfolie

Snijd met een scherp mes het vel van de worstjes in de lengte open en haal het vlees eruit. Rol het worstvlees met vochtige handen tot kleine balletjes ter grootte van een knikker en zet die zolang opzij.

Verhit een grote koekenpan en giet er een flinke scheut olijfolie in. Bak de balletjes worstvlees rondom goudbruin, doe de pancetta erbij en laat die een paar minuten meebakken, tot alles mooi goudbruin is. Breng tijdens het bakken een grote pan gezouten water aan de kook, doe de linguine erin en kook die volgens de aanwijzingen op de verpakking.

Klop in een grote kom de eidooiers, de room, de helft van de Parmezaanse kaas, de citroenschil en de peterselie door elkaar. Laat de gekookte pasta uitlekken in een vergiet, bewaar een beetje kookvocht en hussel de pasta kort met het eimengsel. Doe de hete worstballetjes erbij en hussel nogmaals. De eierstruif gaart door de hitte van de pasta net genoeg om dik te worden zonder te stollen. De saus moet glad en zijdezacht zijn. Als de pasta niet smeuïg genoeg is, meng je er een paar lepels kookvocht door. Strooi de rest van de Parmezaanse kaas erover, voeg zo nodig zout en peper toe, sprenkel er extra vierge olijfolie over en zet de pasta op tafel. Direct opeten!

linguine con cozze di nonno

grootvaders mossellinguine

Nonno Contaldo is de vader van mijn mentor Gennaro, maar wat Nonno betreft ben ik zijn kleinzoon! (Je kunt daaruit opmaken wat je wilt!) Toen ik de prachtige stad Minori aan de kust van Amalfi bezocht, was het heel leuk om dezelfde dingen te doen als Gennaro in zijn jeugd – we liepen in de bergen en langs de zee en ontmoetten al zijn beste kameraden. Iedereen kende Gennaro, en vanzelfsprekend kende iedereen ook Nonno. Hij is zesennegentig jaar oud, een beetje traag ter been, maar geestelijk o zo scherp – begin alleen niet over de oorlog, want dan is hij niet meer te stuiten. Het verbaasde me dat Nonno alleen woonde, en ik raakte helemaal onder de indruk toen ik hoorde dat hij ook nog elke dag voor zichzelf kookt (hoewel er wel altijd familie en vrienden in de buurt zijn om hem, als dat nodig is, te helpen). Het liefst maakt hij mosselen met pasta, en ik zal je het recept uitleggen zoals hij me het heeft uitgelegd.

Nonno zet een pan gezouten water op het vuur. Als hij visite heeft, vraagt hij die altijd of ze naar zee willen lopen om water te halen, omdat zeewater het gerecht die echt authentieke smaak geeft. In een ander pannetje giet hij een scheutje extra vierge olijfolie. Hij zet het op matig vuur en voegt er een in plakjes gesneden teen knoflook, een klein beetje verkruimelde rode Spaanse peper (niet te veel) en een ansjovisfiletje aan toe. Daarna doet hij, wanneer de knoflook begint te kleuren, 6 rijpe, doormidden gesneden en uitgeknepen tomaten in de pan. Op dit moment gooit Nonno ook 55 gram linguine in het kokende water, maar ik zou zeggen 100 gram. De knoflook moet in geen geval bruin worden, maar het mengsel in de pan moet wel heet genoeg zijn om de ansjovis te laten smelten. Het sap van de tomaten en de olie vormen een lichte, eenvoudige, zeer delicate saus. Doe nu een handvol gewassen en van baard ontdane mosselen in de pan. Nonno kan het verschil proeven tussen mosselen uit de winkel en wilde exemplaren en stuurde mij dus naar het strand om er een paar te zoeken! Ze waren een beetje kleiner, maar hij had wel gelijk – de smaak van deze kleintjes woog ruimschoots op tegen de grootte van gekweekte mosselen. Schud de pan even, leg er een deksel op en laat de pan op het vuur staan tot alle schelpen open zijn. Zoals gebruikelijk bij mosselen, moet je exemplaren die niet opengaan weggooien. Gooi er een handje gehakte peterselie bij.

De pasta zal nu bijna al dente zijn en heeft nog maar een minuutje nodig. Nonno laat zijn pasta uitlekken in een vergiet, houdt een beetje kookvocht apart, doet de pasta terug in de grote pan en giet de mosselsaus erover, waarna hij alles goed husselt. Daarna zet hij de pan nog een minuut of twee terug op een laag vuur om de pasta perfect gaar te laten worden – de pasta neemt het heerlijke sap van de mosselen in zich op. Als laatste sprenkelt hij er nog wat goede extra vierge olijfolie over, doet hij er zout en peper naar smaak bij en zet hij de pasta direct op tafel.

spaghetti con calamari

voor 4 personen

spaghetti met inktvis

Dit is een fantastisch Siciliaans pastagerecht dat echt heel gemakkelijk klaar te maken is, maar tegelijkertijd een heel luxueuze en chique uitstraling heeft!

olijfolie
1 venkelknol, fijngehakt, de groene topjes apart gehouden
2 tenen knoflook, gepeld en in dunne plakjes gesneden
2 theelepels venkelzaad, gestampt
1 groot glas fruitige, Italiaanse witte wijn
1 verse rode Spaanse peper, de pitjes verwijderd, fijngesneden
4 baby-inktvisjes, schoongemaakt, in ringen gesneden, de tentakels heel gelaten
450 g gedroogde spaghetti of linguine
zeezout en zwarte peper uit de molen
extra vierge olijfolie
een klein handje verse bladpeterselie, de blaadjes gehakt
de geraspte schil van 1 citroen

Voordat je aan de slag gaat, moet je alle ingrediënten voorbereiden en klaarzetten.

Giet een paar flinke scheuten olijfolie in een grote, hete koekenpan of braadpan. Laat de olie even door de pan lopen en doe de venkel, de knoflook en het venkelzaad erin. Laat die 5 minuten bakken op matig vuur en roer daarbij zo vaak mogelijk. Zet het vuur hoog en doe de wijn, de Spaanse peper en de inktvis in de pan. Blijf roeren tot de alcohol en de vloeistof tot de helft zijn ingekookt. Zet het vuur laag tot de saus zacht pruttelt. Kook je pasta in gezouten kokend water volgens de aanwijzingen op de verpakking.

Proef nu de saus, en roer er zout en peper naar smaak door. Laat de pasta zodra die al dente is uitlekken in een vergiet; bewaar een klein beetje van het kookvocht. Hussel de pasta meteen met de inktvis en de saus. Zet de pan van het vuur en doe er 5 eetlepels heel goede extra vierge olijfolie bij, samen met de venkeltopjes en de peterselie. Hussel nog eens goed, proef opnieuw, giet er zo nodig een beetje van het achtergehouden kookvocht bij om het gerecht smeuïg te maken en verdeel het over vier kommen. Strooi op elke portie wat geraspte citroenschil en tast direct toe!

rotolo di zucca e ricotta

voor 6 personen

rotolo van spinazie, pompoen en ricotta

Rotolo is een beetje een ongebruikelijk pastagerecht. Het kost wat meer tijd dan sommige andere pasta's, maar het is de moeite meer dan waard omdat het zo'n genot is om het te eten – een echte topper voor als je indruk wilt maken. Ik wil je alleen wel op het hart drukken dat je een week voordat je gasten komen eten alvast een keer oefent! En zorg dat je een heel grote pan of, beter nog, een visketel hebt om het in te koken. (Dit is eigenlijk het gerecht dat ertoe heeft geleid dat ik boeken ben gaan schrijven en al dat soort dingen, omdat ik dat op de achtergrond van een documentaire aan het koken was toen ik jaren geleden ontdekt werd. Het ligt me dus na aan het hart!)

450 g vers eierpastadeeg (zie pagina 86)
een halve butternut-pompoen, gehalveerd, de pitjes verwijderd
olijfolie
1 theelepel korianderzaad
1 theelepel venkelzaad
een halve gedroogde rode Spaanse peper
zeezout en zwarte peper uit de molen
een handvol verse marjolein of oregano, alleen de blaadjes
2 tenen knoflook, gepeld en in dunne plakjes gesneden
800 g spinazie, gewassen
250 g ongezouten boter
⅓ van een nootje nootmuskaat, geraspt
150 g kruimelige ricotta
55 g van het stuk geraspte Parmezaanse kaas, plus wat extra om erbij te serveren
ongeveer 20 verse salieblaadjes

Maak om te beginnen je eierpastadeeg. Verwarm de oven voor op 220 °C/gasovenstand 7. Hak de butternut-pompoen in grote stukken en wrijf ze in met een beetje olijfolie. Wrijf het korianderzaad, het venkelzaad en de Spaanse peper met een flinke snuf peper en zout fijn in een vijzel. Strooi het mengsel over de stukken pompoen, doe ze in een passende ovenvaste schaal of braadslee en dek ze af met een bevochtigd stuk vetvrij papier. Zet de schaal ongeveer 30 minuten in de oven, haal vervolgens het papier eraf en bak de pompoen in 15 tot 20 minuten goudbruin. Terwijl dit in de oven staat moet je een grote pan op het vuur zetten met een beetje olijfolie, de marjolein of oregano en de knoflook. Roerbak dit mengsel 20 seconden, doe dan de spinazie erbij. Tijdens het opwarmen zal er vocht vrijkomen, maar dat is prima, dat verdampt later wel weer. Houd de spinazie met een tang in beweging, doe er na een paar minuten een paar klontjes boter en alle nootmuskaat bij en roerbak de groente nog even. Laat de pan op het vuur staan tot het vocht is verdampt. Voeg zout en peper naar smaak toe en laat de spinazie afkoelen.

Je kunt je pasta met een pastamachine tot 4 of 5 lange stroken uitrollen (15 bij 30 cm) en ze met een beetje water aan elkaar vastplakken, of je kunt het, zoals ik, met een deegroller doen, waarbij je de boven- en onderkant royaal met bloem bestuift. Probeer beide manieren. Houd het deeg zo veel mogelijk rechthoekig, en snijd het zo nodig bij. Rol het deeg uit tot de dikte van een bierviltje en de grootte van een theedoek en leg het vel op een schone theedoek.

(vervolg op pagina 98)

Als je dat gedaan hebt, moet je een rand pompoen langs de lange zijde van het vel aan jouw kant scheppen. Strooi de spinazie over de rest van het pastavel, maar laat de bovenste rand van 5 cm van het deeg vrij. Verkruimel de ricotta op de spinazie, strooi er de Parmezaanse kaas over en je bent klaar om te rollen! Kwast de onbedekte rand van het deeg in met een beetje water en gebruik de theedoek om de rotolo heel voorzichtig en van je af op te rollen. Rol de rotolo helemaal in de theedoek en bind de rol aan elke kant stevig dicht met een touwtje. Je kunt de worst nog steviger maken door er ook in het midden nog een paar touwtjes omheen te binden. Maak aan één kant een extra stukje touw vast, dat je als een soort handvat uit de pan kunt laten hangen.

Om de rotolo te koken moet je gezouten water aan de kook brengen in je visketel of andere grote pan met deksel. Laat de rotolo erin zakken en gebruik het rooster van de visketel om hem onder water te houden. Als je een gewone pan gebruikt, kun je een bord in plaats van het rooster gebruiken. Laat de rotolo ongeveer 25 minuten pruttelen.

Terwijl de rotolo kookt heb je tijd om wat boter te klaren. Zet daarvoor de rest van de boter in een ovenvaste schaal in een lauwwarme oven (80 °C). Na 10 tot 15 minuten smelt de boter en zakt de witte wei naar de bodem. Gooi witte deeltjes die boven blijven drijven weg, schep de heldere, goudgele boter in een kommetje en zet dat zolang opzij. Gooi de wei weg. Je hebt nu meer boter dan je nodig hebt, maar het is vrij lastig om een kleinere hoeveelheid te klaren – wat je niet nodig hebt kun je in de koelkast bewaren om een andere keer voor gebakken aardappelen te gebruiken.

Nu je de wei verwijderd hebt, kun je de boter veel sterker verhitten. Schep dus 3 eetlepels geklaarde boter in een pan en zet die op hoog vuur. Test of de boter heet genoeg is door een salieblaadje in de pan te gooien. Als het blaadje mooi bruin bakt, kan ook de rest van de blaadjes erbij. Bak ze ongeveer 30 seconden, tot ze lekker krokant beginnen te worden. Zet de pan van het vuur.

Wanneer de rotolo klaar is moet je hem voorzichtig uit de pan halen, het touwtje loshalen, de rotolo uitrollen en in plakken snijden – een paar plakken per portie. Strooi er wat salieblaadjes over, sprenkel er een beetje van de salieboter op en strooi er ten slotte een beetje geraspte Parmezaanse kaas over. Ongelofelijk!

de grote pastawedstrijd
in le marche

ALIMENTI
PER ALIMENTI

pasta con sarde

voor 4 personen

pasta met sardines

Dit is een beroemd gerecht van Sicilië, waar elk kind ermee opgegroeid is. De sardine is een van de voordeligste vissoorten die er te krijgen zijn. Ze kosten letterlijk maar een tiende van wat je voor bijvoorbeeld garnalen betaalt. Dit is dus een mooi voorbeeld van de echte cucina povera (volkskeuken).

Ik heb dit gerecht in veel verschillende restaurants gegeten – een paar van de allerlekkerste zagen er vrij grauw en miezerig uit omdat de sardines helemaal tot pulp gekookt waren. Ik vind het dus het beste een paar filetjes apart te houden en die er tijdens de laatste paar minuten bovenop te leggen. Hierdoor krijg je een heerlijk intense smaak en ook mooie vlokken vis. Het uiteindelijke gerecht heeft een subtiel zoetje vanwege de uien en pit door de pepertjes, die je smaakpapillen echt op scherp zetten. Ik heb ook een paar heerlijke varianten gegeten met gehakte tomaten erin (dat moet je zeker ook eens proberen), maar dit is de basisversie.

olijfolie
1 grote venkelknol, schoongemaakt, de groene topjes apart gehouden
2 kleine uien, fijngehakt
1 opgehoopte theelepel venkelzaad, fijngestampt
2 of 3 kleine, verse rode Spaanse pepers, naar smaak, fijngehakt
600 g sardines, geschubd, leeggehaald en gefileerd
70 g of 4 eetlepels pijnboompitten
20 g of 2 eetlepels rozijnen
een wijnglas witte wijn
zeezout en zwarte peper uit de molen
extra vierge olijfolie
450 g gedroogde bucatini, spaghetti of linguine
de geraspte schil en het sap van 1 of 2 citroenen

Giet 6 eetlepels olijfolie in een pan en zet die op het vuur. Doe de venkel, uien, pepertjes en het venkelzaad in de pan en laat het 20 minuten met een deksel schuin op de pan heel zachtjes bakken, zonder dat de groenten al te veel verkleuren. Het is de bedoeling dat de venkel en de uitjes karameliseren, waardoor ze een fantastische smaak krijgen. Doe de helft van de sardines, de pijnboompitten en de rozijnen erbij en roer alles goed door elkaar. Laat het mengsel zonder deksel 10 minuten op laag vuur staan en prak het regelmatig door elkaar, tot de sardines helemaal uit elkaar gevallen zijn en je een rijke basis hebt.

Giet er de wijn en een glas water bij, laat het koken tot de vloeistof tot de helft is ingekookt en zet het vuur laag, zodat de saus heel zachtjes pruttelt. Voeg zout en peper naar smaak toe en leg de rest van de sardinefiletjes naast elkaar, met het vel naar boven, op de saus en besprenkel ze met een beetje extra vierge olijfolie. Leg het deksel op de pan en zet het vuur laag, zodat de sardinefiletjes, die trouwens heel dun zijn, ongeveer tegelijk met de pasta gaar zijn – na 7 tot 10 minuten. Doe niets meer aan de saus; niet roeren, alleen nog even op het vuur laten staan. Zet je pasta op en kook die volgens de aanwijzingen op de verpakking. Giet de pasta af wanneer die al dente is. Hussel de pasta door de saus en sprenkel er een beetje extra vierge olijfolie en een flinke kneep citroensap over. Strooi er wat fijngehakte venkeltopjes over. Verdeel het gerecht over 4 borden en zorg er daarbij voor dat er flink wat van de dikke saus bovenop ligt. Strooi er nog wat venkeltopjes en geraspte citroenschil op en zet de borden direct op tafel. Schenk er een lekkere Siciliaanse witte wijn bij.

pici con ragù

voor 4 personen

toscaanse pici met tomaten-vleessaus

Deze pici zijn ooit voor mij klaargemaakt door Adriana, een van de huishoudsters van het landgoed Petrolo. Ze liet me zien hoe ze het deed en het zag er heel gemakkelijk uit. Als je aan het uitrollen toe bent, moet je een paar houten prikkers bij de hand hebben en er heel zachtjes met je vingertoppen op drukken.

450 g fijne griesmeel
ongeveer 2 dl water

voor de ragù
olijfolie
1 rode ui, gepeld en fijngehakt
2 tenen knoflook, gepeld en fijngehakt
3 laurierblaadjes
een takje verse rozemarijn
500 g runder- of kalfsgehakt
4 blikken van 400 g gepelde tomaten in stukjes, van goede kwaliteit
zeezout en zwarte peper uit de molen
een stuk Parmezaanse kaas, om te raspen

Doe het meel in een kom en giet er met kleine scheutjes tegelijk niet meer water bij dan nodig is om een stijf deeg te krijgen. Hoe droger het deeg, hoe makkelijker je het later kunt uitrollen. Bestuif een schoon werkvlak met bloem en kneed het deeg gedurende 10 minuten, tot het glad en fluweelzacht is. Verpak het in plasticfolie en leg het tot je er verder mee gaat in de koelkast.

Haal een stuk deeg ter grootte van een sinaasappel van de grote bal af en rol het op een met bloem bestoven werkvlak met je handen tot een lange dunne worst van ongeveer 2 cm dik. Verdeel de worst in stukjes van 3 cm lang, zodat je een heleboel klontjes deeg hebt.

Zorg dat de tafel of je werkvlak goed droog is en dat er geen meel op ligt, anders gaat het rollen nogal moeilijk, en leg een natte theedoek klaar om je handen mee te bevochtigen. Neem een lange houten prikker van1 mm dik en 15 cm lang, houd die aan beide uiteinden vast en druk hem in de lengterichting zachtjes op een stukje deeg, net alsof je het doormidden wilt snijden. Wanneer je de prikker er tot halverwege ingedrukt hebt moet je het deeg er voorzichtig met je vingers omheen vouwen. Het is de bedoeling dat je uiteindelijk een heel dun pastaworstje hebt met de prikker er in de lengte in het midden doorheen. Wanneer je de pasta tot iets dunner dan een sigaret hebt uitgerold moet je stoppen met rollen en de prikker voorzichtig uit het worstje trekken. Trek daarbij alleen aan de prikker en niet aan het deeg. De prikker ronddraaien wil ook wel eens helpen. Als het goed is heb je nu een lange dunne, holle noedel. Doe hetzelfde met de rest van het deeg. Leg al je pici op een bakplaat, bestuif ze met fijn meel en laat ze iets drogen voor je er verder mee gaat.

(vervolg op pagina 106)

Als je alle pici op de plaat hebt liggen, kun je met de saus beginnen. Zet een pan op het vuur die zo groot is dat alle ingrediënten voor de saus erin kunnen. Doe een scheut olijfolie en de gehakte uitjes en knoflook in de pan en fruit die 10 minuten op laag vuur tot ze zacht en licht gekleurd zijn. Doe de laurierblaadjes, het hele takje rozemarijn, het gehakt en de tomaten in de pan. Roer alles goed door en laat het mengsel aan de kook komen. Zet het vuur laag, leg een deksel op de pan en laat de saus 2 uur zachtjes pruttelen. Als de saus op een gegeven moment te dik wordt kun je er een scheutje water door roeren. Voeg zout en zwarte peper uit de molen naar smaak toe. Vis met een tang de laurierblaadjes en het takje rozemarijn uit de saus en gooi die weg.

Kook de pici 10 tot 15 minuten in een pan gezouten kokend water tot ze gaar, maar nog wel al dente zijn. Laat ze uitlekken en roer ze door de hete saus. Giet er een flinke scheut olijfolie bij, voeg als dat nodig is nog wat peper en zout toe en serveer de pasta met lekker veel van het stuk geraspte Parmezaanse kaas.

PETROL

fazzoletti di seta al pesto

voor 4 personen

zijden zakdoekjes met pesto

Elk dorpje in Italië kent zijn eigen pastavormen. Langs de Ligurische kust noemt men deze vorm 'zijden zakdoekjes', omdat hij zo licht en fijn is.

1 × het recept voor pesto (zie pagina 132)
450 g vers eierpastadeeg (zie pagina 86)
bloem
een handvol verse basilicumblaadjes, in stukjes gescheurd
100 g van het stuk geraspte pecorino, plus wat extra om te serveren

Maak om te beginnen de pesto en daarna het pastadeeg. Rol het deeg op je pastamachine uit tot 2 mm dik. Leg de lange stroken deeg op een royaal met bloem bestoven werkvlak. Snijd de stroken met een mes of deegwieltje in rechthoekige stukjes, ongeveer ter grootte van een bierviltje.

Kook de stukjes pasta ongeveer 3 minuten in een grote pan gezouten kokend water tot ze net gaar zijn, laat ze uitlekken en houd een beetje van het kookvocht apart. Hussel de pasta door de pesto, de basilicumblaadjes en de pecorino. Proef, doe er als dat nodig is nog wat zout en peper bij, en wat van het kookvocht om de saus smeuïger te maken. Bestrooi de pasta voor het serveren met wat extra pecorino en ga meteen aan tafel!

spaghetti tetrazzini

voor 4 personen

pasta met kip en paddestoelen uit de oven

Ik herinner me nog goed dat ik voor de deur van de pub van mijn ouders eens een schattig oud stel ontmoette dat me, toen ze hoorden dat ik naar Italië zou gaan, op het hart drukte toch vooral een keer kalkoen tetrazzini klaar te maken. Ik had geen idee waar ze het over hadden, maar stuitte in een oud Italiaans kookboek toevallig op een recept voor kip tetrazzini en het is super – een beetje rommelig, maar verrukkelijk! Hier is mijn versie…

20 g of een klein handje gedroogde porcini (eekhoorntjesbrood)
olijfolie
4 kippenbouten, ontbeend, ontveld en in hapklare stukjes gesneden
zeezout en zwarte peper uit de molen
2 tenen knoflook, gepeld en in dunne plakjes gesneden
350 g of 2 handenvol gemengde verse paddestoelen, schoongemaakt en in stukken gescheurd
2 dl witte wijn
450 g gedroogde spaghetti
5 dl slagroom
een stuk van 200 g Parmezaanse kaas, geraspt
een takje verse basilicum, alleen de blaadjes

Verwarm de oven voor op 200 °C/gasovenstand 6. Doe de porcini in een kom en giet er zoveel water bij dat ze net onder staan (ongeveer 1,5 dl). Laat ze een paar minuten wellen. Zet een pan op het vuur die zo groot is dat alle ingrediënten erin kunnen en giet er een scheutje olijfolie in. Bestrooi de stukjes kip met peper en zout en bak ze rondom bruin in de olie. Laat de porcini uitlekken, bewaar het weekvocht en doe ze samen met de knoflook en de verse paddestoelen bij de kip in de pan. Giet de wijn en het vocht van de porcini erbij en zet het vuur laag. Laat het zaakje zachtjes pruttelen tot de stukjes kip gaar zijn en de wijn een beetje is ingekookt.

Kook ondertussen de spaghetti in een ruime hoeveelheid gezouten kokend water gaar volgens de aanwijzingen op de verpakking en laat de pasta goed uitlekken. Giet de room in de pan met de saus, laat de saus tot tegen de kook aan komen en zet het vuur uit. Breng de saus op smaak met royaal zout en zwarte peper uit de molen. Doe de uitgelekte spaghetti bij de saus in de pan en hussel goed. Doe driekwart van de Parmezaanse kaas en alle basilicum erbij en roer goed. Doe de pasta over in een ovenvaste schaal of pan met antiaanbaklaag, strooi er de helft van de resterende geraspte kaas over en zet de schaal in de oven tot de bovenkant van de pasta goudbruin en krokant is en de kaas borrelt. Verdeel het gerecht over de borden, sprenkel er extra vierge olijfolie over en bestrooi het vlak voor het serveren met het laatste restje kaas.

pasta al forno con pomodori e mozzarella

voor 4 personen

pasta met tomaten en mozzarella uit de oven

Dit pastagerecht is zeer geliefd in heel Italië. Het wordt gegeten op familiebijeenkomsten en partijen en is ook het gerecht dat de monniken die ik in Abbazia di Farfa, even buiten Rome, bezocht heb, elke zondag als speciale lunch te eten krijgen. Ik ben blij dat ik mijn vertrouwen in dit gerecht weer terug heb (nadat ik dat was kwijtgeraakt door mijn recente pogingen om het voor € 0,50 per persoon voor schoolkinderen klaar te maken met de goedkoopste pasta die er te krijgen was). Toen ik in Altamura in Apulië was, bezocht ik een school waar ze, hoe bizar, pasta uit de oven voor de lunch kregen. De Italiaanse wet schrijft echter voor dat scholen alleen biologische pasta en extra vierge olijfolie mogen gebruiken en bovendien kregen ze er ook nog eens vers gemaakte mozzarella bij! Op de juiste manier klaargemaakt is dit gerecht absoluut verrukkelijk. Op de school waar ik was bereidde men het volgens het volgende recept voor duizend kinderen, en het was erg lekker.

zeezout en zwarte peper uit de molen
extra vierge olijfolie
1 witte ui, gepeld en fijngehakt
2 tenen knoflook, gepeld en in dunne plakjes gesneden
1,5 kilo rijpe tomaten of 3 blikken van 400 g gepelde tomaten in stukjes, van goede kwaliteit
1 of 2 gedroogde rode Spaanse pepers, verkruimeld
een flinke handvol verse basilicumblaadjes
desgewenst: 1 eetlepel rodewijnazijn
400 g gedroogde orecchiette
4 flinke handenvol van het stuk geraspte Parmezaanse kaas
3 bollen mozzarella van elk 150 g

Verwarm de oven voor op 200 °C/gasovenstand 6 en zet een grote pan gezouten water op het vuur. Giet een flinke scheut goede extra vierge olijfolie in een passende pan en laat daar de ui, knoflook en pepertjes ongeveer 10 minuten heel zachtjes in bakken tot ze zacht, maar nog niet gekleurd zijn. Als je verse tomaten gebruikt, moet je daar eerst met de punt van een mes de kern uit halen. Leg ze vervolgens 40 seconden in kokend water, tot het vel los begint te komen. Schep ze met een schuimspaan of zeef uit de pan en zet de pan van het vuur.

Doe de tomaten in een kom, spoel ze af met koud stromend water, trek de velletjes eraf, knijp de zaadjes eruit en hak het vruchtvlees in stukjes. Doe de stukjes tomaat met een klein glaasje water bij de knoflook en de uitjes in de pan, laat het mengsel aan de kook komen en 20 minuten zachtjes pruttelen. Pureer het vervolgens in een keukenmachine of blender tot een gladde saus. Snipper de basilicum in de saus en breng die op smaak met peper en zout en een klein scheutje rodewijnazijn.

Wanneer de gepureerde saus perfect op smaak is, zet je de pan met water weer op het vuur. Doe zodra het water kookt de orecchiette erin en kook ze gaar volgens de aanwijzingen op de verpakking. Laat ze uitlekken en hussel ze met de helft van de tomatensaus en een handje Parmezaanse kaas. Pak nu een passende braadslee, pan of aardewerken schaal en vet die in met een beetje olijfolie. Leg een laagje pasta in de schaal, dan wat tomatensaus, een handvol geraspte Parmezaanse kaas en 1 in plakken gesneden bol mozzarella. Herhaal dit tot alle ingrediënten opgebruikt zijn en eindig met een flinke laag kaas. Zet de schaal 15 minuten in de hete oven, of tot de bovenkant van het gerecht goudbruin en krokant is. Italianen eten dit gerecht graag op kamertemperatuur of zelfs koud, maar ik heb het liever heet.

spaghetti con gamberetti e rucola voor 4 personen

spaghetti met garnalen en rucola

Dit gerecht stond op de kaart in een klein restaurantje, La Gondola, in een van de ruigste wijken van Palermo. Ik vond de combinatie van smaken te gek en heel toegankelijk voor ons Britten. Je kunt tegenwoordig in de supermarkt vaak lekkere diepvriesgarnalen krijgen – een win-winsituatie dus – maar als je aan verse kunt komen en ze zelf pelt zul je merken dat de smaak dan nog veel fijner is. Een echte allemansvriend. Maak het gerecht af met extra vierge olijfolie van goede kwaliteit en heerlijke wilde rucola en je dag kan niet meer stuk.
P.S. Als je diepvriesgarnalen gebruikt, moet je er wel voor zorgen dat je ze eerst goed laat ontdooien.

450 g gedroogde spaghetti
zeezout en zwarte peper uit de molen
extra vierge olijfolie
2 tenen knoflook, gepeld en fijngehakt
1 tot 2 gedroogde rode Spaanse pepers, verkruimeld
400 g gepelde rauwe garnalen
1 klein wijnglas witte wijn
2 opgehoopte eetlepels puree van zongedroogde tomaten, of 6 in een blender fijngemalen zongedroogde tomaten
de geraspte schil en het sap van 1 citroen
2 handenvol rucola, grof gehakt

Kook de spaghetti volgens de aanwijzingen op de verpakking in een grote pan gezouten kokend water. Verhit ondertussen 3 flinke scheuten extra vierge olijfolie in een grote koekenpan en gooi er de knoflook en Spaanse peper bij. Doe zodra de knoflook begint te kleuren de garnalen erbij en bak die gedurende 1 minuut. Giet de witte wijn en de tomatenpuree erbij en laat het mengsel een paar minuten pruttelen. Laat de gare pasta uitlekken in een vergiet en bewaar een beetje van het kookvocht. Hussel de spaghetti en de saus door elkaar, knijp het citroensap erover, doe de helft van de rucola erbij, giet er eventueel een beetje van het kookvocht bij om de saus iets dunner te maken en doe er zout en peper naar smaak bij. Verdeel de pasta over vier borden en strooi er de geraspte citroenschil en de rest van de rucola over.

pasta con acciughe e pomodoro

voor 4 personen

pasta met ansjovis in tomatensaus

Dit is armeluispasta uit Palermo op Sicilië. Je kunt het met spaghetti of tagliatelle maken, maar als je aan margherita-pasta kunt komen is het helemaal mooi – die is iets dikker dan spaghetti en heeft aan één kant franje. De saus smaakt heerlijk en is door de rozijnen en pijnboompitten bijzonder Siciliaans.
P.S. Ik wil hier mijn maat John Hamilton bedanken, de ongelofelijke vormgever van dit boek. Hij maakte dit gerecht samen met mij op Sicilië en deed dat met enorm veel toewijding, en hij heeft er zo geconcentreerd in staan staren dat ik dacht dat het zou verstenen! Zoals je op de foto kunt zien, kan zelfs een gozer uit Glasgow iets moois en verfijnds maken.

6 eetlepels olijfolie
4 tenen knoflook, gepeld, in heel dunne plakjes gesneden
2 flinke handenvol pijnboompitten
een flinke handvol rozijnen
12 gezouten ansjovisfilets
3 opgehoopte eetlepels tomatenpuree
een groot wijnglas rode wijn
100 g kruim van oud brood
450 g gedroogde margherita-pasta

Zet een pan op het vuur, giet de olijfolie erin en bak de knoflook op laag vuur. Doe er zodra de knoflook begint te kleuren de pijnboompitten, rozijnen en ansjovis bij en laat die 2 minuten meebakken, tot de ansjovisfilets gesmolten zijn. Roer er de tomatenpuree en de wijn door. Laat het mengsel 3 minuten op matig vuur pruttelen. De saus hoort vrij dik te zijn, zoiets als passata, maar als je denkt dat hij iets dunner moet worden, doe er dan een beetje water bij. Verhit wat olijfolie in een andere pan en bak de broodkruimels krokant en goudbruin. Laat ze afkoelen op een stuk keukenpapier. Kook ondertussen de pasta volgens de aanwijzingen op de verpakking in gezouten kokend water. Hussel de gare, uitgelekte pasta door de saus. Proef of er nog zout en peper bij moet. Verdeel de pasta met een tang over vier borden. Strooi er ten slotte het broodkruim over.

spaghetti alla trapanese

voor 4 personen

trapani-spaghetti

Oké, tijgers – dit zou wel eens je volgende favoriete pastagerecht kunnen worden! Het is de Trapanese manier om een soort pesto te maken, en hij is echt fantastisch bij spaghetti. Je kunt er het best rijpe kerstomaatjes voor gebruiken, maar bij mij waren die op, dus heb ik voor de foto maar gewone tomaten gebruikt. De saus neemt evenveel tijd in beslag als nodig is om het water aan de kook te laten komen en de pasta te koken. Ik maak de pesto bij voorkeur in de vijzel, maar ik heb het ook wel eens met een keukenmachine gedaan.

450 g gedroogde spaghetti
150 g amandelen, ontveld
1 teen knoflook
4 flinke handenvol verse basilicum, alleen de blaadjes
150 g van het stuk geraspte pecorino of Parmezaanse kaas
extra vierge olijfolie
zeezout en zwarte peper uit de molen
600 g tomaten, gehalveerd

Kook de spaghetti volgens de aanwijzingen op de verpakking in gezouten kokend water. Warm de amandelen op in een droog pannetje en stamp ze fijn in een vijzel of maal ze in een keukenmachine tot een grof poeder. Doe ze in een kom. Stamp de knoflook en basilicum apart fijn in de vijzel en meng ze samen met de pecorino of Parmezaanse kaas, een flinke scheut olijfolie en wat peper en zout door de amandelen. Doe de tomaten erbij, knijp die fijn met je handen en meng ze door het amandelmengsel. Maak de saus nog smeuïger met wat extra olijfolie en hussel hem door de hete, uitgelekte pasta. Proef of er nog zout en peper bij moet, verdeel de pasta over vier borden en schep eventueel in de pan achtergebleven saus erover.

bereiding van de lunch voor de druivenplukkers
op het landgoed petrolo in toscane

lasagne alla cacciatora

voor 6 personen

jagerslasagne

Ik heb dit gemaakt voor een groep druivenplukkers op Petrolo. Als je geen vijf verschillende soorten vlees wilt gebruiken, kun je het ook met één of twee soorten doen. Zie het recept voor arrosto misto op pagina 224 – mix en meng afhankelijk van wat het seizoen te bieden heeft. Je hebt voor dit recept 600 g stukjes gebraden vlees nodig; hier volgt een globale opsomming van de hoeveelheid vlees die je van de verschillende dieren kunt verwachten: 1 fazant levert zo'n 400 g aan stukjes vlees op, 1 eend 400 tot 500g, 1 duif 100 tot 140 g, 1 wild konijn 400 tot 500 g; voor hert moet je bij de slager om een passend stuk vragen.

600 g vlees in stukjes (zie boven)
450 g vers eierpastadeeg (zie pagina 86)
Parmezaanse kaas om te raspen
2 bollen mozzarella van 150 g elk, in stukjes gescheurd
een handvol verse salieblaadjes
olijfolie

voor de tomatensaus

olijfolie
3 tenen knoflook, gepeld en in plakjes gesneden
een takje verse rozemarijn
3 laurierblaadjes
3 blikken van 400 g gepelde tomaten in stukjes, van goede kwaliteit

voor de witte saus

1 liter melk
een takje verse peterselie
een snufje nootmuskaat
een halve ui, gepeld en in ringen gesneden
6 zwarte peperkorrels
80 g boter
65 g bloem
150 g van het stuk geraspte Parmezaanse kaas
zeezout en zwarte peper uit de molen

Verwarm de oven voor op 220 °C/gasovenstand 7, braad eerst het vlees, maak dan het deeg. Haal het vlees wanneer het gaar is uit de oven. Laat het afkoelen, trek het vlees van de botten, doe het samen met de krokante stukjes vel in een kom en gooi de rest van het vel en de botten weg.

Verhit een pan en doe er een scheut olijfolie in. Bak de knoflook tot hij begint te kleuren en doe dan de rozemarijn, laurier en tomaten erbij. Leg het deksel op de pan en laat de saus 45 minuten zachtjes koken. Breng in een andere pan de melk, peterselie, nootmuskaat, ui en zwarte peperkorrels op laag vuur aan de kook. Laat in een derde pan de boter smelten en roer de bloem erdoor. Zeef de melk en roer die lepel voor lepel door het boter-en-bloemmengsel, zodat je een dikke, gladde, saus krijgt. Laat aan de kook komen en een paar minuten pruttelen. Zet de pan van het vuur en roer de kaas en peper en zout door de saus. Doe het vlees bij de tomatensaus en giet er als het mengsel te droog is een beetje heet water bij. Laat de saus 20 minuten zachtjes koken en roer af en toe. Vis de rozemarijn en laurierblaadjes eruit.

Verwarm de oven voor op 180 °C/gasovenstand 4 en vet een grote ovenschaal in met boter. Breng een pan water met zout en een flinke scheut olijfolie aan de kook en rol intussen het pastadeeg uit tot lange stroken van 8 bij 25 cm. Blancheer 2 of 3 stroken tegelijk en bekleed er de bodem van de schaal mee, zodanig dat ze net over de randen hangen. Schep er een laag vleesragout in, vervolgens wat witte saus en daarop een laagje Parmezaanse kaas. Herhaal dit tot al het vlees opgebruikt is. Bewaar genoeg witte saus om er de laatste laag mee te kunnen maken. Strooi er Parmezaanse kaas en stukjes mozzarella over, strooi er dan de salie over en sprenkel er ten slotte een klein beetje olijfolie op. Zet de schaal ongeveer 45 minuten in de voorverwarmde oven tot de bovenkant van het gerecht goudbruin is.

met de lunch
op weg naar de
druivenplukkers

de volgegeten en dik tevreden
druivenplukkers na hun lunch

risotto

Dit hoofdstuk zul je echt helemaal te gek vinden – wat mij betreft staan er een paar van de allerbeste risotto's in die ik ooit gemaakt heb. Ik zal heel eerlijk zijn: ik heb ze niet allemaal van een mamma of een nonna geleerd, hoewel de methode wel in de traditionele mamma-stijl is. Ik heb wel uitsluitend gebruikgemaakt van de fantastische ingrediënten die ik op de lokale markten tegenkwam, en dat is ook eigenlijk waar het om draait: ze zien er fantastisch uit, de smaak doet daar zeker niet voor onder en ik ben er zeer tevreden mee. Neem bijvoorbeeld de combinatie van gehakte peterselie in een witte risotto met champignons – dat geeft een totaal andere smaak aan een basisrisotto bianco. Zo ontzettend lekker! (En mocht een lokale Italiaan er zijn neus voor ophalen, dan interesseert me dat niets – in dit hoofdstuk beschouw ik mezelf als een echte betweter!)

Ik heb op mijn reis door Italië een paar jonge moeders ontmoet, en ik vond het heel interessant om te merken dat veel Britten een risotto als een ingewikkelde onderneming zien, terwijl deze jonge moeders het juist vaak klaarmaken omdat het zo verdomd eenvoudig en binnen 20 minuten klaar is. Risotto ziet men als fastfood, omdat je het, hoewel het langzaam pruttelt, alleen af en toe hoeft te roeren; dat betekent dat je ondertussen andere kleine klusjes op kunt knappen. Met andere woorden: je bent tijdens het koken niet aan het fornuis gekluisterd.

Als je tijd te veel hebt mag je vanzelfsprekend je eigen kippenbouillon trekken, maar ik gebruik sinds ik drie jaar geleden vader geworden ben altijd verse bouillon in een pot uit de supermarkt, of biologische groentebouillon, met een paar stukjes porcini (eekhoorntjesbrood) om het een beetje extra smaak te geven. Ik heb heel wat Italianen hetzelfde zien doen, daarom voel ik me geen verrader van de risottoclub als ik niet zelf bouillon trek. Dat hoef ook jij je dus niet te voelen!

Mocht je risotto willen maken voor op een feestje, dan moet je weten dat het net zo makkelijk is om het voor twintig mensen te maken als voor vier – je moet de rijst dan alleen over een paar pannen verdelen en die met opscheplepels erin midden op tafel zetten. Door risotto in de pan te serveren blijft hij smeuïger.

risotto bianco

voor 6 personen

witte risotto

Dit is een goed basisrecept – het kan op zeer veel verschillende manieren bewerkt worden om fantastische risotto's te maken.

1 liter bouillon (kippen-, vis- of groente-bouillon, al naar gelang wat je gaat maken)
2 eetlepels olijfolie
een klont boter
1 grote ui, gepeld en fijngehakt
2 tenen knoflook, gepeld en fijngehakt
een halve knolselderij, geschild en fijngehakt
400 g risottorijst
2 wijnglazen droge vermout (droge Martini of Noilly Prat) of droge witte wijn
zeezout en zwarte peper uit de molen
70 g boter
115 g van het stuk geraspte Parmezaanse kaas

Fase 1: Warm de bouillon op. Doe de olijfolie en de klont boter in een andere pan en fruit daarin de uitjes, knoflook en selderij 15 minuten op laag vuur, zonder dat ze kleuren. Dit wordt een soffritto genoemd. Wanneer de soffritto mooi zacht is, kan de rijst erbij en moet je het vuur hoger zetten.

Fase 2: De rijst begint nu zachtjes te bakken, dus blijf continu roeren. Na een minuut beginnen de korrels een beetje glazig te worden. Giet de vermout of wijn erbij en blijf roeren – het ruikt nu al heerlijk. De harde alcoholsmaak verdampt en de rijst krijgt een lekker aroma.

Fase 3: Als de vermout of wijn door de rijst geabsorbeerd is, is het tijd om de eerste soepopscheplepel bouillon erbij te scheppen en er een flinke snuf zout bij te doen. Zet het vuur laag, zodat de rijstkorrels aan de buitenkant niet te snel garen. Schep er lepel voor lepel de bouillon bij en blijf roeren om het zetmeel uit de rijst te masseren. Wacht telkens tot alle bouillon geabsorbeerd is voordat je de volgende lepel erbij doet. Dit hele proces duurt ongeveer 15 minuten. Proef de rijst om te controleren of hij goed gaar is. Mocht dat niet het geval zijn, dan moet je gewoon bouillon blijven toevoegen tot de korrels zacht zijn, maar nog wel beet hebben. Vergeet niet te proeven of er nog zout of peper bij moet. Als je bouillon op is voordat de rijst gaar is kun je er ook wat kokend water bij gieten.

Fase 4: Zet de pan van het vuur en roer de boter en de Parmezaanse kaas door de rijst. Leg het deksel op de pan en laat de rijst 2 minuten staan. Dit is het belangrijkste onderdeel van het maken van een perfecte risotto. Hierdoor krijgt hij de fantastisch romige, smeuïge substantie. Eet de risotto zo snel mogelijk, zolang die prachtige textuur op z'n mooist is.

Pleasure
CHEST

risotto bianco con pesto

voor 6 personen

witte risotto met pesto

Als je eenmaal de basisrisotto van pagina 130 onder de knie hebt, is het heerlijk om er een flinke klodder verse pesto op te doen – die combinatie van smaken is echt verrukkelijk.

een handvol pijnboompitten
een halve teen knoflook, gepeld en gehakt
zeezout en zwarte peper uit de molen
3 flinke handenvol verse basilicum, alleen de blaadjes, fijngehakt
een flinke handvol van het stuk geraspte Parmezaanse kaas
extra vierge olijfolie
1 × het recept voor risotto bianco (zie pagina 130)

Maak eerst je pesto. Doe de pijnboompitten in een ovenschaal en zet ze een minuut onder de grill – niet langer – om ze op te warmen, niet om ze te roosteren. Hierdoor wordt de smaak voller. Stamp de knoflook met een snufje zout en de basilicumblaadjes in de vijzel fijn, of maal alles kort in een keukenmachine. Als je wilt kun je er wat meer knoflook in doen, maar ik houd het meestal bij een half teentje. Doe het zaakje over in een kom en stamp daarna de pijnboompitten fijn in de vijzel. Doe ze bij de basilicum. Roer er de helft van de Parmezaanse kaas door en giet al roerend de olijfolie erbij – net genoeg om de massa te binden en de saus een smeuïge consistentie te geven. Voeg zout naar smaak toe en roer het grootste deel van de rest van de kaas erdoor. Doe er nog een drupje olie bij en proef nogmaals. Blijf meer kaas en/of olie toevoegen tot je pesto de gewenste smaak en dikte heeft.

Maak je risotto bianco. Verdeel de risotto aan het eind van fase 4 over vier borden en schep er ten slotte een klodder pesto op. Heerlijk als je er ook nog een paar extra pijnboompitten, wat Parmezaanse kaas en een paar blaadjes basilicum over strooit.

BEL & WIN... kijk snel op de binnenzijde

DE MOOISTE KOOKBOEKEN VAN 2005!

Jamie's Italië
Jamie Oliver
€ 32,50

Samen koken
Rudolph van Veen
€ 27,50

Jamie's dinners
Jamie Oliver
€ 32,50

Wijn
Matt Skinner
€ 24,95

Happy Days met de Naked Chef
Jamie Oliver
€ 24,99

Swingen in de keuken
Angélique Schmeinck
€ 24,95

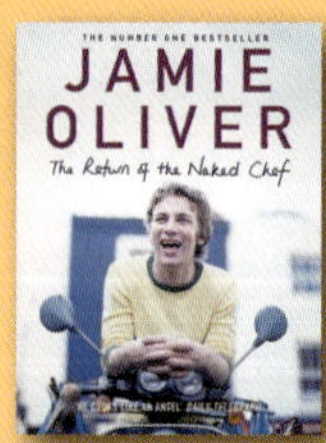

The Naked Chef is terug
Jamie Oliver
€ 24,99

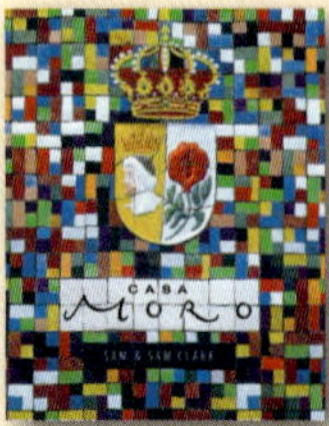

Casa Moro
Sam & Sam Clark
€ 29,95

The Naked Chef
Jamie Oliver
€ 24,99

River Cafe Kookboek Easy
Rose Gray & Ruth Rogers
€ 27,50

Bel snel en maak kans op prachtige prijzen!

10x De tien mooiste kookboeken van 2005 t.w.v. € 275,-
25x Jamie Oliver-verrassingspakket t.w.v. € 100,-
25x Jamie Oliver-verrassingspakket t.w.v. € 50,-
50x Jamie Oliver-boek naar keuze

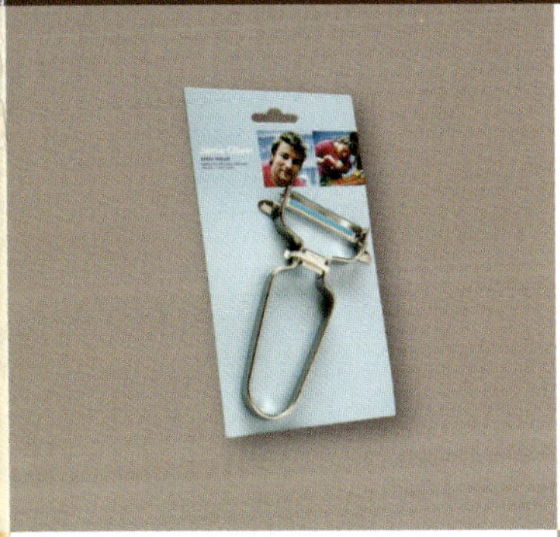

U hoort direct of u gewonnen heeft!

De actie loopt t/m 28 februari 2006

Bel 0909 5059537 (70 ct per minuut)
VOOR NEDERLAND

Bel 0902 40099 (74 ct per minuut)
VOOR BELGIË

ADVERTENTIE

6x TIP € 21,-

reageer vóór 18 november
en ontvang het **dubbeldikke kerstnummer**
met **Jamie** in IJsland!

bel gratis 0800 2266637 (7 dagen per week van 9.00 tot 21.00 uur)
of kijk op www.zester.nl/tipculinair

Helaas is deze aanbieding niet geldig in België. Bel voor een jaarabonnement naar (070) 66 01 13.
Belgische lezers krijgen 20% korting.

CULINAIRE BOEKERIJ

Culinaire Boekerij
maakt deel uit van Kosmos-Z&K Uitgevers, Utrecht/Antwerpen

www.boekenwereld.nl

risotto ai frutti di mare

voor 6 personen

risotto met zeebanket

Deze risotto is heel speciaal. Je hebt een mengsel van zeebanket nodig – probeer mul, zeeduivel, brasem, zonnevis, mosselen, venusschelpen, garnalen en een klein beetje in stukjes gesneden inktvis. Je kunt voor deze risotto kant-en-klare visbouillon gebruiken, maar je kunt die natuurlijk ook zelf maken, zoals ik in dit geval. (Vraag bij je visboer om koppen voor de bouillon – die worden gewoonlijk weggegooid, dus die zouden gratis moeten zijn.) Ik ga een beetje anders te werk dan anders (normaal gesproken zou ik de eerst de vis fileren en alleen de graten en koppen bij de bouillon mikken), dus let goed op wat ik doe!

1,5 liter water
2 kleine wortelen, grof gehakt
3 tomaten, geplet
1 laurierblaadje
een klein bosje verse peterselie, één takje in z'n geheel, van de rest alleen de blaadjes, fijngehakt
1,5 kilo gemengd zeebanket, geschubd, schoongemaakt, leeggehaald, koppen en kieuwen verwijderd, en de mosselen ontdaan van de baard
1 × het recept voor risotto bianco (zie pagina 130)
een halve venkelknol, fijngehakt, de groene topjes apart gehouden
1 theelepel venkelzaad
een snufje verkruimelde gedroogde Spaanse peper
een snufje saffraandraadjes
het sap van 1 citroen

Breng precies de aangegeven hoeveelheid water met de wortelen, tomaten, laurierblad en het takje peterselie, en met de hele vissen, maar zonder de garnalen en de schelpdieren, aan de kook. Houd de zaak 10 minuten tegen de kook aan, haal dan de gare vissen uit de pan en trek het vlees van de graat. (Als je kabeljauwkoppen hebt moet je zeker de wangetjes niet vergeten, want die zijn het lekkerst!) Leg het visvlees op een bord. De graten mogen terug in de pan om nog eens 15 minuten mee te trekken. Schep regelmatig bovendrijvend schuim af. Begin ondertussen met de basisrisotto bianco en doe tijdens fase 1 de venkel, het venkelzaad en de pepertjes en saffraan bij de rijst.

Giet de bouillon door een zeef in een andere pan en gooi de groenten en graten weg. Lepel het grootste deel van je bouillon bij de risotto. Doe wanneer de risotto bijna klaar is, aan het eind van fase 3, de stukjes vis, de garnalen en de schelpdieren bij de rijst. Na 3 tot 4 minuten zullen de schelpdieren open zijn (gooi de exemplaren die dicht gebleven zijn weg). Zet de pan van het vuur.

Omdat je in risotto of pastagerechten nooit kaas en vis mag combineren, gaan we de risotto niet afmaken met Parmezaanse kaas. In plaats daarvan brengen we de risotto nu, in fase 4, wanneer de boter erbij gaat, op smaak met peper en zout, een scheutje extra vierge olijfolie en het citroensap. Verdeel de risotto over de borden, leg er wat achtergehouden schelpdieren bovenop en schep er de rest van de bouillon over. Sprenkel er nog wat extra vierge olijfolie op en bestrooi de risotto met de gehakte peterselie en de topjes venkel.

risotto ai carciofi

voor 6 personen

artisjokkenrisotto

Hoewel artisjokken in Italië een zeer alledaags product zijn, heeft deze groente in Engeland een heel luxe uitstraling. Dit is een basisrisotto bianco met in heel dunne plakjes gesneden artisjokken erdoor, waardoor het een waanzinnig aroma krijgt. Je moet kleine artisjokjes voor dit gerecht hebben – niet de grote exemplaren. Wanneer dingen als artisjokken of courgette in heel dunne plakjes gesneden worden, noemen Italianen dat *trifolati*, wat letterlijk vertaald 'op de truffelmanier' betekent, oftewel flinterdun.

6 kleine of paarse artisjokken
de geraspte schil en het sap van 1 citroen
1 × het recept voor risotto bianco (zie pagina 130)
zeezout en zwarte peper uit de molen
een klein bosje verse munt, alleen de blaadjes
extra vierge olijfolie
een stuk Parmezaanse kaas om te raspen

Pel je artisjokken af tot aan de bleke, dunne blaadjes, snijd ze doormidden en verwijder met behulp van een theelepel de harige kern. Leg de artisjokken in een bak water met de helft van het citroensap en leg er een zwaar deksel of vuurvast bord op om ze onder te houden en verkleuring tegen te gaan.

Begin met je risotto bianco en leg wanneer je aan fase 3 toe bent 6 halve artisjokken in de pruttelende bouillon. Ga door met de risotto en schep lepel voor lepel de bouillon erbij tot de rijst half gaar is. Snijd de rest van de artisjokken in heel dunne plakjes en roer ze door de risotto. Roer de rest van de bouillon door de rijst. Bij fase 4, wanneer de rijst gaar is en de boter en Parmezaanse kaas erbij gaan, mag ook de rest van het citroensap erbij. Haal de pan van het vuur en proef of er nog zout en peper bij moet.

Haal de gekookte artisjokken uit de bouillonpan en hussel ze met het grootste deel van de geraspte citroenschil, de muntblaadjes en een scheutje olijfolie. Schep de risotto op de borden en leg er een aangemaakte artisjok op. Sprenkel er de dressing die in de kom is achtergebleven over en serveer de risotto met nog wat extra Parmezaanse kaas en de rest van de geraspte citroenschil.

risotto ai cavolfiori

voor 6 personen

bloemkoolrisotto

Dit is echt een verrukkelijk recept. Het is vrij ongebruikelijk, en het mooiste eraan is dat een weinig geliefd, alledaags product als bloemkool eens in het zonnetje gezet wordt. Kijk op de markt of in de supermarkt uit naar Romanesco-bloemkool – die is even groot als normale bloemkool, maar dan puntig en groen en heerlijk van smaak. De reden waarom ik zo dol op ben op dit recept is dat er een aantal klassieke ingrediënten op een fantastische manier in gecombineerd wordt. In Engeland eten we bloemkool normaal gesproken met kaas uit de oven, en in Italië komt de bloemkool gewoonlijk uit de oven als parmigiana, met room, kaas en ansjovis. Al die smaken komen terug in deze risotto, met als extraatje wat superkrokante peper-pangrattato erover – een geweldige kick.

2 handenvol in stukjes gescheurd oud brood
1 klein blikje ansjovis, de olie apart gehouden
3 kleine gedroogde rode Spaanse pepers
extra vierge olijfolie
1 bloemkool
1 × het recept voor risotto bianco (zie pagina 130)
zeezout en zwarte peper uit de molen
stuk Parmezaanse kaas om te raspen
een handvol gehakte verse peterselie

Maal het brood samen met de ansjovis, de olie uit het blikje en de Spaanse peper fijn in een keukenmachine. Zet een koekenpan met een scheut olijfolie op het vuur en bak het broodkruim al roerend en omscheppend goudbruin.

Snijd de stugge blaadjes van de bloemkool en verwijder de stronk. Hak de malse kern van de stronk fijn. Begin met het basisrisotto-recept, doe in fase 1 de gehakte bloemkoolsteel samen met de uitjes en de selderij in de pan en leg de bloemkoolroosjes in de hete bouillon.

Ga nu verder volgens het basisrisotto-recept en schep de bouillon er lepel voor lepel bij tot de rijst halfgaar is. De bloemkoolroosjes zullen ondertussen gaar zijn, zodat je die samen met de bouillon door de rijst kunt scheppen. Prak ze tegelijkertijd een beetje fijn. Ga door tot de rijst gaar en alle bloemkool op is.

Roer in fase 4, wanneer je de boter en Parmezaanse kaas bij de rijst doet, ook de peterselie door de risotto. Proef, voeg zout en peper naar smaak toe en strooi de ansjovis pangrattato erover. Rasp er nog wat extra Parmezaanse kaas over en zet de risotto op tafel. Zo ont-zet-tend lekker!

risotto ai funghi e prezzemolo

voor 6 personen

paddestoelenrisotto met peterselie uit de oven

Dit is echt een heel mooi risottorecept, en werkelijk geweldig als je vegetariër bent. Door de paddestoelen te bakken, krijgen ze een heel diep aroma dat prachtig contrasteert met de krachtige, frisse smaak van de peterselie. Een groots gerecht waar je echt dol op zult zijn!

1 × het basisrecept voor risotto bianco (zie pagina 130)
200 g wilde paddestoelen, schoongemaakt en in stukjes gescheurd
olijfolie
zeezout en zwarte peper uit de molen
1 bol knoflook, de tenen gepeld en gehalveerd
een klein bosje verse tijm, alleen de blaadjes
1 eetlepel boter
een klein bosje verse bladpeterselie, heel fijn gehakt
1 citroen
stuk Parmezaanse kaas om te raspen

Verwarm de oven voor op 200 °C/gasovenstand 6. Maak om te beginnen je risotto bianco. Als je aan het eind van fase 3 bent is het tijd om je paddestoelen te bakken. Zet een ovenvaste koekenpan met dikke bodem met een scheutje olijfolie erin op het vuur tot de olie matig heet is. Bak de paddestoelen een minuut of twee, tot ze beginnen te kleuren, en bestrooi ze met peper en zout. Doe de knoflook, tijm en boter erbij en meng alles goed. Zet de pan in de voorverwarmde oven en bak de paddestoelen gedurende 6 minuten, tot ze gaar en rijk van smaak zijn.

Bij fase 4 van het risottorecept, wanneer je de boter en de Parmezaanse kaas erbij doet, moet je ook alle peterselie door de rijst roeren – dat geeft een prachtig groene kleur en een heerlijk aroma. Hak de helft van de paddestoelen en de knoflook in grove stukjes en roer ze samen met een kneepje citroensap voor het evenwicht door de risotto. Verdeel de risotto over de borden en strooi de rest van de paddestoelen erover. Serveer de risotto met geraspte Parmezaanse kaas.

risotto ai finocchi con ricotta e peperoncino

voor 6 personen

venkelrisotto met ricotta en gedroogde spaanse pepers

Ik vind venkel een erg lekkere, fijne en ondergewaardeerde groente. Venkel past heel goed bij de ricotta in dit recept en heeft een heerlijk zoetje. Koop alsjeblieft niet van die goedkope ricotta die je in veel supermarkten ziet – let erop dat de kaas luchtig en kruimelig is. Als je pech hebt en geen ricotta kunt vinden, is verse geitenkaas ook een verdomd lekker alternatief.

een halve theelepel venkelzaad
extra vierge olijfolie
2 tenen knoflook, gepeld en in dunne plakjes gesneden
2 venkelknollen, in dunne plakjes gesneden, de groene topjes apart gehouden
zeezout en zwarte peper uit de molen
1 × het recept voor risotto bianco (zie pagina 130)
2 kleine rode Spaanse pepertjes
4 eetlepels lekker kruimige ricotta
de geraspte schil en het sap van 1 citroen
stuk Parmezaanse kaas om te raspen

Doe de venkelzaadjes in een vijzel en stamp ze tot poeder. Pak een brede pan, zet hem op het vuur, doe er een flinke scheut olijfolie in, fruit de knoflook en doe de gestampte venkelzaadjes en de gesneden venkel erbij. Strooi er een snuf peper en zout bij en zet het vuur lager. Leg het deksel op de pan en laat het mengsel 20 minuten zachtjes bakken tot de venkel lekker zacht en zoet is.

Begin de risotto bianco op de gebruikelijke wijze en volg het recept tot de rijst halfgaar is. Roer halverwege fase 3 de gebakken venkel door de rijst en laat de risotto doorkoken tot de rijst perfect gaar is.

Stamp de gedroogde pepertjes in de vijzel tot een fijn poeder. Voeg in fase 4, als je de boter en Parmezaanse kaas door de risotto roert, de verkruimelde ricotta en de geraspte citroenschil toe. Proef of er nog zout of peper bij moet en breng de smaak van de venkel in evenwicht met zoveel citroensap als je denkt dat nodig is. Verdeel de risotto over de borden, strooi de venkeltopjes en de verpulverde Spaanse pepers erover. Rasp er aan tafel een beetje Parmezaanse kaas over.

een van de meest opwindende
kookmomenten van mijn leven –
deze herder vond mijn risotto '*ottimo*'

risotto con cipolle bianche dolci, cotechino e timo

voor 6 personen

risotto van zoete witte uien, cotechino-worstjes en tijm

Cotechino- of zamponeworst is de grote held van dit gerecht. Deze worst moet te vinden of in ieder geval te bestellen zijn bij iedere goede Italiaanse speciaalzaak (en als ze ze niet kunnen leveren, is het geen goede Italiaanse speciaalzaak). Ze zitten kant-en-klaar gekookt in vacuümzakken. Je gooit ze rechtstreeks uit de zak in de pan en bakt ze lekker lang door met een uitje. Mocht je ze nou echt niet kunnen krijgen, dan kun je ook een verse Italiaanse of grove worst van goede kwaliteit opensnijden en het vlees bij de basisrisotto doen als je begint met het bakken van de uitjes en selderij.
P.S. Dit gerecht is ook erg lekker als je er aan het eind gekookte borlottibonen door roert.

500 g cotechino
3 witte uien
1 × het recept voor risotto bianco (zie pagina 130)
zeezout en zwarte peper uit de molen
extra vierge olijfolie
een klein handje verse tijm, alleen de blaadjes
stuk Parmezaanse kaas om te raspen

Verwarm de oven voor op 190 °C/gasovenstand 5. Leg de cotechino met de ongepelde uien op een klein bakblik en schuif dat in de oven. Bak ze ongeveer een uur tot de uien zacht en zoet zijn en de worst gaar is. Haal de plaat uit de oven en temper de temperatuur tot 150 °C/gasovenstand 2.

Begin met de risotto zoals gebruikelijk, volg het recept en voeg beetje voor beetje de bouillon toe. Terwijl je dit doet heb je ruimschoots de tijd om de afgekoelde uien te pellen. Snijd een van de uien in kwarten, leg die in een schaal en houd ze warm in de oven. Hak de andere twee uien fijn; trek het dikke, vettige vel van de worst en gooi dat weg. Verkruimel het worstvlees. Wanneer de rijst voor driekwart gaar is, fase 3, moet je de gebakken uitjes en het vlees erdoor roeren en de risotto door laten koken tot die perfect gaar is.

Bij fase 4, wanneer je de boter en Parmezaanse kaas erbij doet, moet je het proeven, de risotto zorgvuldig op smaak brengen en de gehakte tijmblaadjes erdoor spatelen. Verdeel de risotto over de borden, versnipper op elk daarvan één van de kwarten ui en strooi er geraspte Parmezaanse kaas over.

insalate *salades*

salades

Een van de dingen die me in Italië zijn opgevallen, is hoe de kwaliteit van de salades van plaats tot plaats kan verschillen. De ene keer word je afgescheept met een zootje ongewassen ijsbergsla met een olie-en-azijnstelletje erbij en peper en zout, zodat je je sla zelf moet maken, terwijl je in het andere geval salades voorgezet krijgt die puur geniaal te noemen zijn – lekkerder dan waar ook ter wereld. Over het algemeen komt dat door het vermogen van de Italianen om een beetje saaie ouwe bekenden als wortel, selderij, venkelknol en paprika tot heerlijke salades om te toveren door ze in dunne plakjes te snijden die delicaat en knapperig zijn. Het is een bijzonder slim volk. Zelfs onverwachte zaken als aardperen, artisjokken, asperges, baby-courgettes en zelfs muskuskalebassen zijn erg lekker in een salade, als je ze maar in heel dunne plakjes snijdt. Maar wat misschien wel het meest indrukwekkend is, is hun gebruik van oud brood – daaraan zou je toch niet zo gauw de rol toebedelen van lekker salade-ingrediënt!

Dit is het eerste jaar dat ik veel eigen groenten verbouwd heb. Mocht jij dat ook van plan zijn, dan is kropsla een perfect product om mee te beginnen. Het enige wat je hoeft te doen is een biologische tomatenkweekzak aanschaffen, die opensnijden en wat slazaad bestellen bij Jekka McVicar, op www.jekkasherbfarm.com. Dan kun je, zelfs als je midden in de stad woont, gedurende vier maanden van het jaar vier of vijf keer per week je eigen sla snijden en het kost je bijna niets. Het mooiste is bovendien dat de sla harder gaat groeien naarmate je er meer van afsnijdt – zelfs een idioot als ik krijgt het voor elkaar!

In Italië worden salades als aparte gang gegeten, meestal na de secondo. Als je nog nooit in Italië geweest bent, zullen sommige van de hier volgende recepten je ideeën over wat een salade is volledig op zijn kop zetten. En als je denkt dat je geen salade-type bent, dan weet je echt niet wat je mist. Vergeleken met Italië is wat je in Engeland als salade voorgezet krijgt echt een verschrikking. Geen wonder dat veel mensen hier denken dat ze geen salade lusten. Mocht jij nou een van die mensen zijn, dan hoop ik van harte dat dit hoofdstuk je op andere gedachten zal brengen.

panzanella

voor 6 personen

salade van toscaans brood, tomaat en paprika

Wow, nu begeven we ons werkelijk op het territorium van de 'echte' Italiaan. Het territorium dat ik hiermee bedoel zijn de met overdadige passie en veel handgebaren kracht bijgezette discussies over de beste manieren om een ribollita te serveren, de beste methode om een pizza te bakken, of de lekkerste versie van deze salade!

Wat is een panzanella? Nou, dat is een traditionele Toscaanse broodsalade die bedoeld is om restjes oud brood op te maken. Het is ontstaan als stevige kost voor boeren en landarbeiders, omdat het goedkoop, maar ook zeer voedzaam is. Tegenwoordig staat het echter in veel restaurants als insalata op de kaart.

2 rode paprika's
2 gele paprika's
600 g oud brood van goede kwaliteit
1 kilo rijpe gemengde tomaten
zeezout
6 gezouten ansjovisjes of 12 ansjovisfilets in olie
een handvol kleine kappertjes, gespoeld
1 rode ui, gepeld en gehalveerd
1 selderijhart
een flinke handvol verse basilicum, alleen de blaadjes

voor de dressing
rodewijnazijn van goede kwaliteit
extra vierge olijfolie van goede kwaliteit
1 klein teentje knoflook, gepeld
zeezout en zwarte peper uit de molen

Of je nu een open vuur gebruikt (zoals ik, toen ik in Toscane was) of een gasfornuis of een elektrische grill, maak het zo heet mogelijk. Leg de paprika's 10 minuten direct in het vuur of onder de grill zodat ze geblakerd worden. Keer ze met een tang om, zodat ze aan beide kanten even zwart worden. Leg ze wanneer ze klaar zijn in een kom en dek die af met folie. Laat ze 20 minuten in hun eigen hitte stomen – dan laat het velletje praktisch vanzelf los.

Oké, als ik het over oud brood heb, dan bedoel ik ook echt oud brood – minstens een dag oud. Ga dus geen brood kopen om dat direct te gebruiken. Ik ga meestal voor een boerenbrood, en vanzelfsprekend geldt: hoe lekkerder het brood, hoe lekkerder de salade zal smaken. Je kunt ook een grote ciabatta gebruiken, maar kies in geen geval voor een 'gesneden wit'. Verwijder de buitenste harde korst en scheur het brood in stukken. Het mooie aan scheuren van brood is ten eerste dat je er geen mes bij nodig hebt, ten tweede dat je er de poriën van het brood mee opentrekt waardoor het de sappen beter absorbeert, en ten derde dat het er rustiek uitziet en niet alsof het uit een fabriek komt. Gooi de stukken brood op een bakplaat en zet ze naast de oven te drogen terwijl je met de andere ingrediënten in de weer gaat.

De tomaten moeten op kamertemperatuur zijn. Bewaar ze niet in de koelkast, zoals mijn vrouw altijd doet! Was ze kort en hak ze in ongeveer even grote stukken als het brood. Het is geweldig om tomaten in verschillende kleuren te gebruiken. Bestrooi ze met een beetje zeezout en leg ze in een vergiet met een kom eronder om het sap op te vangen. Dat is ook de kom waarin je straks ansjovisfilets en kappertjes gaat doen. Haal de beste ansjovis in huis die je kunt krijgen en trek de filetjes onder de lopende kraan van de graat.

(vervolg op pagina 156)

Als je geen hele ansjovis kunt krijgen, zijn Spaanse ansjovisfilets in olie ook goed. Die kun je zo in de kom gooien. Ik vind dat de zoetheid van het tomatensap het overtollige zout van de ansjovis neutraliseert. Op hun beurt geven ze het tomatensap wat extra smaak, wat precies de bedoeling is omdat we het sap straks als dressing gaan gebruiken.

De volgende klus is dat je de rode ui in zo dun mogelijke plakjes snijdt. Onthoud: een klein stukje ui in een salade is heerlijk, maar een dikke homp is ongeveer even chic als een dikke vette döner kebab! Vervolgens moet je hetzelfde doen met het hart van de selderij. Maar wat is een selderijhart precies? Nou, dat is het bleke binnenste van de bleekselderij. Breek dus een stuk of vijf selderijstengels af en snijd de bovenste 15 cm eraf. Die stukjes kun je gebruiken in een saus of stoofschotel, maar voor deze salade zijn we alleen geïnteresseerd in de harten, omdat die niet zo vezelig zijn. De prachtig gele blaadjes kun je later over de sla strooien, dus houd die apart. Snijd het hart in dunne plakjes, doe die samen met de uien in een grote kom en doe het brood erbij.

Als de paprika's voldoende zijn afgekoeld, trek er dan zo veel mogelijk van het zwarte vel af en verwijder de steeltjes, zaadjes en zaadlijsten. Spoel ze in geen geval af onder de kraan, dan verdwijnt veel van de heerlijke smaak in het afvoerputje. Scheur de paprika's nu in reepjes, ongeveer ter grootte van je pink, en leg die bij de ui, het selderijhart en het brood in de kom.

Hussel de stukken tomaat in de vergiet door elkaar en druk ze plat om het overtollige vocht eruit te persen – er moet behoorlijk wat sap in de kom zitten als ze 20 minuten in de vergiet gelegen hebben. Haal nu de ansjovisfilets uit de kom en zet ze opzij. Doe de tomaten bij de rest van de salade in de kom, snipper het grootste deel van de basilicumblaadjes en doe ook die erbij.

Waar ik normaal gesproken mee begin als ik tomatensapdressing maak, is dat ik 2 eetlepels goede rodewijnazijn bij het tomatensap en de kappertjes schep. Mocht je die azijn niet in huis hebben, dan kun je ook sherryazijn of wittewijnazijn van goede kwaliteit gebruiken. Doe er vervolgens 10 eetlepels mooie extra vierge olijfolie bij – de goede soorten zitten altijd in donkere flessen en kosten €12,- tot € 25,- per fles. Dat klinkt misschien duur, maar het is absoluut de moeite waard om lekker spul op deze salade te gebruiken.

Pers de knoflook en doe die bij de dressing. Roer de dressing goed door en proef. Hij moet een beetje zurig en nogal uitbundig zijn, omdat het brood en de paprika een groot deel van de pit van de dressing opzuigen. Als hij bij het proeven iets over de top is, zul je zien dat het eindresultaat na het intrekken van de dressing juist perfect is. Doe er zo nodig nog wat peper en zout in en giet de dressing over de salade in de grote kom. Hussel alles een minuut, maar doe niet te wild.

Panzanella kun je het best in een grote kom op tafel zetten, zodat iedereen zelf kan opscheppen. Veeg daarom na het husselen, proeven, kruiden en nogmaals husselen, de zijkanten van de kom schoon en drapeer de ansjovisfiletjes netjes op de salade. Strooi de selderijblaadjes en wat extra basilicumblaadjes erover en besprenkel de salade met wat extra vierge olijfolie. Laat de salade 15 minuten staan voordat je hem gaat eten – maar hij blijft op tafel ook makkelijk een uur goed.

Je denkt misschien dat dit recept vrij veel gedoe is voor een salade en ja, een zakje kant-en-klare slamix opentrekken gaat natuurlijk een stuk vlotter, maar als ik bedenk hoe vaak ik deze salade op mooie zomerdagen gegeten heb bij een in olijfolie gebakken en met peper en zout bestrooid kippetje... Hij is echt verrukkelijk en absoluut de moeite waard. Probeer hem dus eens een keer.

insalata tipica delle sagre

voor 6 personen

gemengde festivalsalade

Dit is een fantastische gemengde salade en bovendien eentje die, afhankelijk van de verschillende regionale voedselfestivals (sagra's) rond een bepaald ingrediënt, van plaats tot plaats kan verschillen. De reden waarom de salade zo interessant kan zijn en zo veel verschillende ingrediënten kan bevatten, is dat men er meestal heel veel van klaarmaakt. Hierdoor loont het de moeite veel verschillende ditjes en datjes te kopen om de salade knapperig, kleurrijk, zoet en karaktervol te maken. De Italianen houden meer dan wie ook van verse groenten – ik heb zelfs wel eens iemand gezien die rauwe asperges raspte, en dat is echt heel ongebruikelijk. Kijk bij het boodschappen doen uit naar verschillende soorten groene blaadjes, naar knapperige venkel, komkommer, radijs, enzovoort, en koop van alles een klein beetje. Als je niet alle ingrediënten van mijn lijstje kunt krijgen, is dat helemaal niet erg. Het gaat erom dat je een mooi mengsel van allerlei dingen hebt, dus voel je vooral vrij om hier en daar iets anders te gebruiken.

Toen ik in Toscane was, heb ik deze salade eens klaargemaakt voor vijfendertig druivenplukkers – het voorbereiden kostte me ongeveer een half uur, en dat vind ik eigenlijk geen slechte score. Het gaat vooral om het samenstellen. Als je deze salade voor meer dan 6 personen maakt, kun je hem heel gemakkelijk uitbouwen door er andere lekkere ingrediënten als gele paprika's, tuin- of waterkers en verse kruiden als basilicum of munt bij te doen.

1 rode paprika, gehalveerd, de pitjes verwijderd
een handje verse bladpeterselie
3 of 4 tomaten
10 radijsjes
een halve komkommer, geschild, gehalveerd, de pitjes verwijderd
een halve venkelknol
1 struikje witlof
een halve kropsla
een halve krop friséesla
een halve krop eikenbladsla
een handvol rucola
een halve radicchio

voor de dressing
1 opgehoopte eetlepel kappertjes
4 ansjovisfilets in olijfolie, van goede kwaliteit
3 eetlepels rodewijnazijn
extra vierge olijfolie van goede kwaliteit

Snijd de paprika in dunne reepjes en doe ze in een kom. Snijd de peterselieblaadjes in reepjes en hak de steeltjes fijn. Snijd de tomaten, radijsjes, komkommer, venkel en witlof in dunne plakjes.

Was de sla, het binnenste gele deel van de friséesla (dat is niet bitter – gooi de buitenste blaadjes weg), de eikenbladsla en de rucola in de gootsteen. Droog de blaadjes in de slacentrifuge en scheur ze in stukjes. Was de radicchio, snijd hem doormidden, haal de kern eruit en versnipper hem. Doe alles in de kom en hussel, zodat je een mooie bonte salade krijgt.

Hak voor de dressing de kappertjes en ansjovis fijn met de hand of in een foodprocessor. Doe ze in een kom en giet er de rodewijnazijn en drie keer zoveel olijfolie bij. Proef – de dressing moet vrij scherp zijn. Je mag wat met de azijn en olie spelen, maar vergeet daarbij niet dat de azijn wel een beetje moet overheersen, omdat de smaak van de dressing na het aanmaken van de sla aanzienlijk zachter is. Zout hoeft niet – de kappertjes en de ansjovis zijn al zout genoeg. Meng de dressing goed, giet hem over de salade en hussel. Zet de salade direct op tafel.

insalata di radicchio e rughetta

salade van radicchio en rucola

Radicchio wordt net als andere bittere blaadjes zoals witlof, molsla, wilde cichorei en treviso, heel speciaal wanneer er andere smaken tegenover de bitterheid staan – zoals het zoete van balsamico-azijn, de zoutheid van Parmezaanse kaas of de krokante peperigheid van rucola. Sommige dingen in het leven zijn op zichzelf niet zo bijzonder, maar blijken in de juiste combinatie met andere dingen ineens geniaal. Zo zit het ook met recepten – en dan met dit recept in het bijzonder.

Neem een grote kom en hussel per persoon een handvol rucola, een handjevol geraspte Parmezaanse kaas en een kwart, in dunne reepjes gesneden radicchio door elkaar. Maak dit mengsel aan met een flinke scheut balsamico, drie keer zoveel olijfolie en een beetje zout en zwarte peper uit de molen. Meng alles zorgvuldig, rasp er nog wat extra Parmezaanse kaas over en eet de salade meteen. Je kunt variëren door er geroosterde pijnboompitten, gebakken rode uitjes of krokant gebakken bacon bij te doen.

insalata di gennaro

voor 4 personen

gennaro's salade

In principe is dit een Italiaanse versie van een salade Niçoise. Het is eigenlijk helemaal niet verwonderlijk dat men daar in Italië een eigen versie van heeft, want fantastische tonijn en ansjovis behoren zo ongeveer tot het Italiaanse basisvoedsel. In dit recept worden alleen geen olijven of sperziebonen gebruikt, en dat is anders dan in de Franse versie, waarin deze twee ingrediënten essentiële onderdelen zijn. Het belangrijkste wat je moet onthouden is dat de aardappelen aangemaakt moeten worden wanneer ze nog gloeiend heet zijn, zodat ze zo veel mogelijk van de heerlijke smaak in zich op kunnen nemen. Mijn vriend Gennaro maakte deze salade toen ik voor hem werkte vaak voor de lunch van het personeel, en hij is echt zalig!

400 g nieuwe of kleine vastkokende aardappeltjes
zeezout en zwarte peper uit de molen
4 grote eieren, liefst biologisch
2 opgehoopte eetlepels gezouten kappertjes
2 citroenen
1 blik van 220 g tonijn in olie van goede kwaliteit, uitgelekt, of 300 g verse tonijn
voor verse tonijn: een flinke snuf gedroogde oregano
voor verse tonijn: een halve verse rode Spaanse peper, gehakt
goede extra vierge olijfolie
een flinke handvol rucola
een flinke handvol gemengde sla, in stukken gescheurd
1 kleine rode ui, gepeld en in dunne plakjes gesneden
4 gezouten ansjovisjes, afgespoeld en gefileerd

Schrob de aardappeltjes even af. Breng een pan water aan de kook en doe er de aardappelen en zout in. Leg het deksel op de pan en kook de aardappeltjes op hoog vuur tot ze zacht zijn en je er een mes in kunt steken. Kook tegelijkertijd je eieren 7 tot 8 minuten, zodat ze gaar, maar nog wel zacht zijn. Laat ze schrikken in koud water, pel ze en zet ze opzij.

Terwijl de eieren en de aardappeltjes staan te koken moet je de kappertjes onder de kraan afspoelen, ze uit laten lekken en ze vervolgens met het sap van een van de citroenen in een kom doen, om het laatste restje zout eraan te onttrekken. Als je verse tonijn gebruikt, leg die dan met een beetje olijfolie, een snufje oregano, zout en peper en een beetje gehakte Spaanse peper in een hete koekenpan met antiaanbaklaag. Schroei de stukken vis dicht zodat ze van binnen nog rosé zijn, of, als je dat liever hebt, een paar minuten aan elke kant tot ze gaar zijn – maar niet te lang. Was de slablaadjes en draai ze droog in de slacentrifuge.

Intussen zullen de aardappeltjes wel klaar zijn. Maak ze aan terwijl ze nog flink heet zijn, dus laat ze snel uitlekken in een vergiet, hak ze in stukken of snijd ze doormidden en doe ze in een kom. Voeg er de kappertjes in citroensap, 5 eetlepels extra vierge olijfolie, een snufje peper en zout en de fijngesneden uitjes aan toe en hussel alles goed. Proef een stukje aardappel om te controleren of ze goed op smaak zijn – misschien moet er nog een beetje extra olie of citroensap bij. Wanneer de aardappeltjes tot kamertemperatuur zijn afgekoeld is het tijd om de tonijn erbij te snipperen, en vervolgens de sla en de in kwarten gesneden eieren. Sprenkel er een beetje extra vierge olijfolie over, hussel voorzichtig en verdeel de salade over vier borden. Leg de ansjovisjes erop.

insalata amalfitana

voor 4 personen

amalfi-salade

De citrusvruchten die langs de kust van Amalfi groeien behoren tot de lekkerste ter wereld, dus ik heb in deze salade als eerbetoon sinaasappels gebruikt. (Mijn hemel, ik kan bijna niet geloven dat ik dit schrijf – ik word oud!) Deze salade is enorm gemakkelijk te maken, maar het helpt wel als je een beetje handig met messen bent – dan gaat het echt supersnel. Is dat niet het geval, dan zou je kunnen investeren in een goede groentesnijhulp. Ook dunschillers zijn heel geschikt voor deze salade. Het enige wat je moet doen is blijven schillen – het maakt niet uit of de plakjes verschillend van vorm zijn. Het gaat erom: hoe dunner je alles snijdt, hoe lekkerder de salade zal zijn.

Dit is het soort salade dat gegeten wordt aan het begin van een Italiaans diner of feestmaal, omdat het gehemelte erdoor gereinigd wordt en hij geweldig aromatisch is. Hoewel dat absoluut niet traditioneel is, is deze salade ook waanzinnig lekker met wat verkruimelde feta of geitenkaas erover, omdat die twee kazen heel goed bij de sinaasappel passen.

1 venkelknol, gewassen
1 rode ui, gepeld
1 komkommer
een flinke handvol radijsjes, met topjes, gewassen
desgewenst: een klein handje ijsblokjes
1 eetlepel goede kruiden- of rodewijnazijn
extra vierge olijfolie van goede kwaliteit
zeezout en zwarte peper uit de molen
4 sinaasappels, gepeld, in partjes verdeeld, de pitjes verwijderd

Breek de pluizige topjes van de venkel en leg die even opzij. Maak de knol schoon en verwijder zo nodig het buitenste laagje – dat kan soms een beetje droog zijn. Snijd de venkelknol doormidden en dan in de lengte in zo dun mogelijke plakjes. Leg ze in een grote kom. Snijd de uiteinden van de ui af, halveer hem en snijd de helften in zo dun mogelijke plakjes. Snijd de komkommer in dunne plakjes. Laat aan de radijsjes ongeveer 1 cm van het steeltje zitten, snijd een heel dun kapje van de radijsjes af, leg ze op de platte kant en snijd ze in flinterdunne plakjes.

Als je wilt, kun je een paar ijsblokjes in de kom gooien en door de groente husselen. Vreemd genoeg worden de groenten daar knapperiger van. Laat de blokjes er een paar minuten tussen liggen. Je kunt ook op de ruige toer gaan en de groenten in een bak ijswater gooien, maar als je dat wel eens gedaan hebt weet je dat de groenten daar wel krokant van worden, maar dat de meeste smaak ook in het water achterblijft.

Haal de ijsblokjes tussen de plakjes groenten vandaan. Giet 2 eetlepels kruiden- of rodewijnazijn en ongeveer 6 eetlepels extra vierge olijfolie (beide van goede kwaliteit) in een kom. Doe er peper en zout naar smaak bij en meng het sausje goed. Maak de salade hiermee aan en doe er de partjes sinaasappel inclusief hun sap bij. Hussel nog even, verdeel de salade over de borden en strooi de venkeltopjes erover. Serveer de salade direct.

insalata di pomodori, finocchi e seppie

voor 4 personen

salade van tomaten, venkel en inktvis

Dit is een prachtige zomersalade van gegrilde inktvis met tomaat en venkel. Het is echt een fantastische combinatie, die heel geschikt is als voorgerecht of lunch. Vraag je visboer of hij de inktvis voor je schoonmaakt, ontvelt en snijdt. Als je het vriendelijk vraagt, wil hij hem misschien zelfs wel openmaken en kruislings voor je inkerven. Hierdoor wordt de inktvis mooi gelijkmatig gaar. Wat tomaten betreft is de keuze vandaag de dag overweldigend – koop gewoon de tomaten die op dat moment het lekkerst zijn. Ik vind het altijd een goed idee om een paar verschillende soorten te gebruiken, daar wordt de salade alleen maar interessanter van. Het geheim van deze salade is dat je hem pas klaar moet maken vlak voordat je met de inktvis aan de slag gaat.

4 middelgrote inktvissen, schoongemaakt en ontveld, tentakels en vleugels apart gehouden
200 g gemengde tomaten, in plakjes, gehalveerd of in kwarten
een halve rode ui, gepeld en in dunne plakjes gesneden
1 venkelknol, plus de pluizige topjes
het sap en de geraspte schil van 1 citroen
het sap van 1 sinaasappel
1 theelepel gedroogde oregano
rodewijnazijn of kruidenazijn van goede kwaliteit
extra vierge olijfolie
zeezout en zwarte peper uit de molen
1 gedroogde rode Spaanse peper, verkruimeld

Snijd je schoongemaakte inktvissen aan een kant open en leg ze plat, als je visboer dat niet al voor je gedaan heeft. Kerf de binnenkant van het vlees kruislings in. Snijd de tomaat in plakjes, kwarten of grove stukken en doe die samen met de ui in een kom. Breek de pluizige topjes van de venkel en zet die even opzij. Snijd de venkel doormidden en daarna in dunne plakjes. Hussel venkel, tomaat en ui door elkaar. Pers het citroen- en sinaasappelsap erover en strooi er oregano over. Maak de salade aan met 3 eetlepels rodewijnazijn of kruidenazijn, 7 eetlepels extra vierge olijfolie, peper en zout, en hussel nogmaals. Proef of er nog zout of peper bij moet.

Het wordt het lekkerst als je de inktvis op gloeiend hete kolen op de barbecue roostert, maar je kunt ook een grillpan of grote koekenpan gebruiken. Bij het barbecuen (zie pagina 190 voor ideeën over barbecuen) moet je ervoor zorgen dat het rooster zo dicht mogelijk bij de kooltjes ligt. Bestrooi de inktvissen met een beetje peper en zout en gedroogde Spaanse peper en dep ze aan beide kanten in met olie. Leg de tentakels als eerste op het rooster – die moeten twee keer zo lang als het lijf. Keer ze na anderhalve minuut om en leg het witte deel van de inktvis (het lijf) erbij, met de ingekerfde kant naar onder. Keer de inktvis pas om als er donkere schroeistreepjes te zien zijn. Normaal gesproken duurt het op een hete grill 3 tot 4 minuten, en anders wat langer. Snijd de inktvislijven als ze aan beide kanten gekleurd zijn diagonaal in stukjes en doe die, terwijl ze nog heet zijn, bij de groenten in de kom. Hussel alles door elkaar, proef nog een laatste keer of alles naar wens is en verdeel de salade eerlijk over de vier borden. Sprenkel er het laatste beetje sap uit de kom en een beetje extra olie over en bestrooi de salade met geraspte citroenschil en venkeltopjes. Heerlijk met een partje citroen erbij.

alleen op de wereld

insalata caprese

voor 4 personen

salade uit capri

Ik heb heel lang getwijfeld of ik dit recept in het boek zou zetten, omdat in zo'n beetje elk Italiaans kookboek wel een insalata Caprese te vinden is. Die zijn echter nooit gemaakt op de manier zoals ik de mijne het liefst maak, omdat men er gewoonlijk perfect gevormde plakjes tomaat en mozzarella voor gebruikt. Vandaar dat ik ook mijn versie van deze briljante combinatie aan het lijstje recepten toevoeg. De mozzarella wordt in stukjes gescheurd, zodat de salade een wat rustieker uiterlijk krijgt, en de dressing wordt op een bijzondere manier gemaakt. Deze versie smaakt absoluut super en het kan niet anders dan een van de eenvoudigste salades ter wereld zijn – het ziet er op een grote schaal ook prachtig uit. Maar je moet vooral niet vergeten dat deze salade oorspronkelijk afkomstig is van het eiland Capri, waar het altijd prachtig weer is en de tomaten en basilicum van absoluut fantastische kwaliteit zijn. Neem dus alleen genoegen met het allerbeste.

4 bollen mozzarella van 150 g elk
2 handenvol rijpe tomaten, in verschillende kleuren, vormen en maten
het witte deel van 1 lente-ui, in heel dunne plakjes gesneden
extra vierge olijfolie
kruidenazijn van goede kwaliteit

voor de dressing
een grote handvol verse basilicumblaadjes
zeezout en zwarte peper uit de molen
extra vierge olijfolie

Maak eerst de dressing. Bewaar een paar hele blaadjes voor later, hak de rest van de basilicumblaadjes grof en wrijf ze met een flinke snuf zout fijn in de vijzel. Roer er een scheutje olijfolie door, zodat je een heerlijke basilicumdressing krijgt.

Scheur de mozzarella voorzichtig in stukjes en leg die op een grote serveerschaal. Hak de tomaten in grove stukken en maak ze in een kom aan met de lente-ui, wat olijfolie, een klein beetje kruidenazijn en wat peper en zout. Leg de stukken tomaat op en tussen de stukken mozzarella en sprenkel er de basilicumdressing over. Bestrooi de salade met de rest van de basilicumblaadjes en zet hem op tafel.

insalata di farro con verdure al forno

voor 8 personen

farro-salade met geroosterde groenten

Farro is graan dat een beetje op gort lijkt, maar is zodanig gedroogd dat het in plaats van luchtig en sponzig juist taai en nootachtig wordt. Je zult er waarschijnlijk niet al te gemakkelijk aan kunnen komen, maar als je het eenmaal gebruikt hebt, wil je het gegarandeerd steeds weer gebruiken – het heeft een heel aparte smaak die het midden houdt tussen rijst en couscous (dit recept werkt met die twee overigens ook prima). In het Italië van de Oude Romeinen was het een basisingrediënt dat gebruikt werd om brood, pap, stoofschotels en zelfs pasta van te maken. Farro moet te vinden zijn in goede Italiaanse speciaalzaken, en ook supermarkten hebben het soms in de speciale exotische schappen staan. Hier is een recept voor een van mijn lievelingssalades – aan de slag!

400 g farro of bulgur
3 gele courgettes, in de lengte gehalveerd, de pitjes verwijderd
2 groene courgettes, in de lengte - gehalveerd, de pitjes verwijderd
2 venkelknollen, schoongemaakt en in dikke plakken gesneden, de pluizige topjes apart gehouden
1 rode ui, gepeld en in partjes gesneden
2 rode paprika's, gehalveerd, de pitjes verwijderd, in stukjes gesneden
2 aubergines, in stukken gesneden
4 tenen knoflook
extra vierge olijfolie
zeezout en zwarte peper uit de molen
kruiden- of wittewijnazijn
een flinke bos verse tuinkruiden (bladpeterselie, basilicum, munt, oregano)
een kneepje citroensap

Verwarm de oven voor op 200 °C/gasovenstand 6. Week de farro of bulgur 20 minuten in koud water en giet de korrels af. Snijd de courgettes overdwars in hompige halvemaantjes en leg ze in een grote braadslee. Gooi de rest van de groenten en de tenen knoflook erbij en hussel alles met een flinke scheut olijfolie door elkaar. Strooi er royaal peper en zout over. Probeer de groenten zoveel mogelijk in een enkele laag uit te spreiden, zodat ze mooi gelijkmatig bakken (gebruik desnoods 2 braadsleden). Bak ze 30 tot 40 minuten in de voorverwarmde oven en haal de braadsleden er regelmatig even uit om alles om te schudden, tot de groenten goed gaar zijn en lekker krokante randjes hebben. Sprenkel er onmiddellijk nadat ze uit de oven gekomen zijn een beetje azijn over en laat ze afkoelen. Schep de afgekoelde groenten op een grote snijplank, doe de verse kruiden erbij en hak alles fijn.

Breng de farro of bulgur in een grote pan met vers koud water aan de kook. Laat de korrels in 20 minuten gaar pruttelen en giet ze af. Maak ze aan met olijfolie, citroensap en peper en zout en hussel er de geroosterde groenten door. Strooi de venkeltopjes erover en zet de salade op tafel.

secondi *hoofdgerechten*

vis

Als er één les is die ik op het gebied van vis van de Italianen geleerd heb, is het dat 'minder meer is'. Zelfs in het binnenland, in streken als Le Marche en Toscane, waar ze misschien maar één keer per week verse vis op de markt hebben, is die altijd kakelvers. De vis geurt naar de zee en je kunt ervan op aan dat ze die dag een hele gebeurtenis van het diner zullen maken.

Ik was heel verbaasd over het aantal restaurants aan de Italiaanse kust dat geen menukaart heeft, zoals La Scaletta van mijn vriend Giovanni op het eiland Maritimo. Hij wacht letterlijk tot een uur of acht of negen 's morgens, wanneer de boten aan land komen, en zegt dan altijd: 'Wat God me vandaag ook brengt, ik zal het klaarmaken!' Een beperkte keuze zet je natuurlijk wel aan het denken om op een slimme manier om te gaan met de spullen die je ter beschikking hebt. Op slechte dagen, als er geen verse vangst is, maakt Giovanni gebruik van de verduurzaamde visproducten die hij altijd in zijn provisiekamer heeft liggen. De helft van het probleem dat wij tegenwoordig hebben is misschien wel dat we te veel keus en te weinig kwaliteit hebben. Dat heeft me doen besluiten de recepten in dit hoofdstuk zo eenvoudig mogelijk te houden. Ik heb dat gedaan door een aantal geraffineerde trucjes toe te passen op tamelijk gewoon gekookte vis. In dit hoofdstuk staat echt geen enkel recept waarvan ik denk dat je er moeite mee zou hebben; probeer ze dus allemaal.

Voor je aan de slag gaat, is er echter één ding dat je voor me moet doen: maak kennis met je visboer in de buurt, of die nou in een winkel staat of op de markt. Als zijn vis naar vis ruikt en niet naar de zee, dan moest je maar eens een praatje met hem gaan maken en hem vertellen dat je bij hem zou kopen als hij minder keus, maar betere kwaliteit zou leveren. Het spijt me het te moeten zeggen, maar in Engeland heb je tegenwoordig gewoon veel te veel imbecielen die tweederangs vis verkopen. En dat zou anders moeten. Neem bijvoorbeeld een stad als Londen. Het is een van de grootste steden ter wereld, en toch zijn er maar een paar viswinkels van niveau. (Mocht de vraag bij je opkomen: mijn favorieten zijn Kensington Place en de Fishworks-keten.) Kinderen groeien in Engeland op met de gedachte dat vis naar vis hoort te ruiken, omdat dat in de meeste gevallen nu eenmaal de realiteit is. Ik zou je dus willen vragen deze vicieuze cirkel te doorbreken en niet langer genoegen te nemen met inferieure producten – stel je meer als Italiaan op en zeg wat je ervan vindt. Wat zowel viswinkels en supermarkten als marktkooplieden moeten doen, is zich bezighouden met kwaliteit in plaats van kwantiteit. Als we er met zijn allen aan werken, zul je versteld staan van het aantal winkels, restaurants en zaken dat meer aandacht gaat besteden aan waar ze mee bezig zijn, omdat ze wel naar hun klanten móeten luisteren. Laten we er wat aan doen!

rombo con finocchio

voor 4 tot 6 personen

tarbot met venkel

Of het nu om een speenvarken gaat of om een vis, volgens mij voegt het braden van een heel beest een stukje romantiek aan de maaltijd toe. Het is bovendien, ongeacht de maat, ook het allerbest om een vis in zijn geheel klaar te maken, en laat je niets anders wijsmaken. De graten geven het vlees extra smaak en houden het ook lekker vochtig tijdens het garen.

In mijn wereld is tarbot de Aston Martin onder de vissen, omdat die vis het sappigste, witste, vlezigste vlees heeft. Ook mijn Japanse vrienden lopen er warm voor als ze in Engeland zijn! Tarbot heb je in verschillende afmetingen – de grootste die ik ooit gezien heb woog ongeveer 10 kilo. Ik ben wel eens door vissers gebeld terwijl ze nog op zee zaten, om me te zeggen dat ze een grote tarbot gevangen hadden. Ik paste daarop direct de menukaart aan om de vis nog die avond te serveren, hetzij uit de oven, zoals in dit recept, hetzij in zout gebakken. Prachtig! Je kunt griet of heilbot op dezelfde manier klaarmaken, of zelfs grote rogvleugels, met een even geniaal resultaat. Als je grotere vissen gebruikt, moet je ze ook langer bakken – probeer met een klein mesje of het vlees op het dikste punt gemakkelijk van de graat loskomt; als dat het geval is, is de vis gaar.

Maak je niet druk als je geen takjes venkel kunt krijgen – met alleen de zaadjes wordt het ook lekker, maar beide zou fantastisch zijn. Als je geen venkel in de tuin hebt staan, moet je dat kruid meteen aanschaffen en planten. Het is enorm mooi, lekker en heel winterhard, zodat het jaar na jaar terugkomt. Je kunt ook peterselie of basilicum gebruiken, of een in dunne plakjes gesneden venkelknol onder in de braadslee leggen. Dat geeft een uitstekend aroma af, dat zowel bij varkensvlees als bij vis past.

1 hele tarbot of griet van 2–3 kg (laat kieuwen en hom of kuit verwijderen door je visboer)
1 eetlepel venkelzaad
1 eetlepel grof zout
een klein bosje venkeltakjes
1 tot 3 citroenen, in dunne plakjes gesneden
olijfolie

Verwarm de oven voor op 200 °C/gasovenstand 6. Spoel de tarbot vanbinnen en vanbuiten goed af en dep de vis droog met een schone theedoek.

Stamp in een vijzel de venkelzaadjes en het zout tot poeder. Strooi het mengsel over de vis en in de buikholte. Spreid de venkeltakjes uit op een grote braadslee (groot genoeg voor de hele vis) en leg de tarbot erop. Leg de schijfjes citroen in een rijtje op de vis (zoals op de foto hiernaast) en sprenkel er royaal olijfolie over.

Bak de vis 35 tot 40 minuten in de oven, of tot het vlees van de graat los begint te komen. Je zult zien dat er prachtig, melkachtig sap uit de vis begint te druipen – daar kun je een lichte, natuurlijke saus van maken door er een flinke scheut olijfolie en een kneepje citroensap bij te doen. Zet de braadslee op tafel en laat iedereen zelf opscheppen.

PETROLO
OLIO EXTRAVERGINE DI OLIVA

polpo semplice

voor 6 personen

malse octopus

In de wateren rond het Verenigd Koninkrijk worden regelmatig octopussen gevangen. Ze zijn ontzettend goedkoop, maar veel mensen weten niet precies wat ze ermee moeten doen. Ik zal dus om te beginnen uitleggen hoe je een octopus lekker mals moet koken, in zijn eigen bouillon, en vervolgens, op de volgende pagina, een drietal heerlijke recepten geven. Als je visboer normaal gesproken geen octopus in zijn assortiment heeft, vraag hem dan ze voor je te bestellen. Als je het hem een paar dagen van tevoren vraagt, zal hij dat graag voor je doen.

olijfolie
1 bol knoflook, gepeld, in dunne plakjes gesneden
1 verse rode Spaanse peper, zonder zaadjes, in dunne ringetjes gesneden
3 of 4 takjes peterselie, fijngehakt
de in reepjes gesneden schil van 1 citroen
1 octopus van 1,5 kg
zeezout en zwarte peper uit de molen

Zet een grote pan met deksel op het vuur. Giet 7 eetlepels olijfolie in de pan en doe de knoflook, peper, peterselie en citroenschil erbij. Laat het mengsel een minuut of twee op laag vuur bakken zonder de knoflook bruin te laten worden. Leg de octopus in de heerlijk gekruide olie. Schud de pan even, leg het deksel erop, zet het vuur laag en laat het zaakje zachtjes pruttelen. In de volgende 15 tot 20 minuten, afhankelijk van de maat, wordt de octopus heerlijk mals. Hij laat ook veel vocht los, waardoor je een heerlijke, natuurlijke bouillon krijgt. Om te controleren of hij al mals is moet je er gewoon met een vork in prikken – als dat gemakkelijk gaat, is het goed. Zo niet, dan moet je het beest nog iets langer laten pruttelen. Ziehier, je malse basis-octopus.

In Italië is het heel normaal om de hele octopus in ringen te snijden en zo op te eten, met niets meer dan wat peper en zout en een beetje olijfolie – je kunt ook het vel, de zuignappen en het bruine vlees uit de kop, de bek en de ogen verwijderen voor je gaat snijden. Dit is allemaal niet moeilijk en ik doe het dus altijd op die manier. Nu is het tijd om de bladzijde om te slaan en de drie verschillende recepten te bekijken.

polpo in brodo *octopus in bouillon*

voor 6 personen

1 malse octopus (zie pagina 180)
een handje mosselen, schoongemaakt, de baard verwijderd
een handje venusschelpen, schoongemaakt
zeezout en zwarte peper uit de molen
3 of 4 pluizige venkeltopjes, fijngehakt
een klein bosje verse bladpeterselie, alleen de blaadjes, fijngehakt
extra vierge olijfolie

Gooi wanneer de octopus gaar is de mosselen en venusschelpen erbij. Laat ze een paar minuten meekoken, tot de schelpen open zijn, en zet het vuur uit. Gooi schelpen die niet zijn opengegaan weg. Leg de octopus op een snijplank, verwijder het vel en de zuignappen, het bruine vlees uit de kop, de bek en de ogen, en snijd de kop in ringen. Snijd de tentakels diagonaal in stukjes. Breng de bouillon in de pan op smaak en verdeel die over zes kommen. Verdeel ook de ringen octopus, de mosselen en de schelpen in de kommen, strooi er venkeltopjes en peterselie over en sprenkel er extra vierge olijfolie over.
P.S. Ook erg lekker met wat gekookte witte bonen erbij.

spiedini di polpo *octopuskebabs*

voor 6 personen

1 malse octopus (zie pagina 180)
het sap van 1 citroen
1 verse rode Spaanse peper, fijngehakt
een klein bosje bladpeterselie, alleen de blaadjes, fijngehakt

Leg de gekookte octopus op een plank en snijd de tentakels af. Gooi het bruine vlees uit de kop, de bek en de ogen weg en snijd de kop in ringen. Maak rolletjes van de tentakels en het vlees en prik die op de spiesjes (als je houten prikkers gebruikt, moet je die van tevoren in water in de week leggen). Rooster ze op de barbecue en knijp er een beetje citroensap over als je ze omdraait. Serveer ze op een bord met wat gehakte verse rode Spaanse peper en peterselieblaadjes.

insalata di polpo *octopussalade*

voor 6 personen

1 malse octopus (zie pagina 180)
een handvol mosselen, schoongemaakt, de baard verwijderd
een klein handje verse bladpeterselie
2 wortelen, geschild en in heel dunne lucifertjes gesneden
2 stengels bleekselderij, in heel dunne lucifertjes gesneden
een halve venkelknol, in heel dunne lucifertjes gesneden, de pluizige topjes apart gehouden
olijfolie
kruidenazijn van goede kwaliteit

Wanneer de octopus bijna klaar is moet je de mosselen in de pan doen, ze een paar minuten laten meekoken tot ze allemaal open zijn (gooi exemplaren die niet zijn opengegaan weg) en het vuur uitzetten. Snijd de peterselie fijn en doe die met de wortel, selderij en venkel in een grote kom. Leg de octopus op een plank, verwijder het vel en de zuignappen en snijd de tentakels diagonaal in grove stukken. Verwijder het bruine vlees uit de kop, de bek en de ogen, gooi dat alles weg en snijd de kop in ringen. Haal de mosselen uit de schelp en hussel ze met de octopusringen en de groente door elkaar. Maak het aan met 2 flinke scheuten olijfolie, een paar scheutjes kruidenazijn en een klein beetje van het kookvocht. Voeg zout en peper naar smaak toe en strooi de gehakte venkeltopjes erover.

Battery Street, ST.
CALIF NAVEL

sogliola in tre modi

voor 4 personen

gebakken tong op drie manieren

Tong en tongschar zijn heerlijk om te bakken en te vervolmaken met ingrediënten als gerookte pancetta en rozemarijn, of zoete tomaatjes en balsamico. Wanneer je ze hiermee versierd op een laagje aardappel presenteert, geef je een eenvoudig gerecht een compleet nieuwe dimensie. Het resultaat oogt geweldig, en het mooie eraan is dat je het er elke week totaal anders uit kunt laten zien door met het garnituur te variëren! De tongen die ik in Italië ben tegengekomen werden gewoonlijk in hun geheel gebakken op tafel gezet, zodat iedereen zichzelf kon bedienen. Het heerlijke witte vlees komt gemakkelijk los van de graat. Als je tong op deze manier in z'n geheel bakt, blijft het visvlees veel sappiger en lekkerder.
P.S. Op de foto zie je mijn drie favoriete garnituren. Je moet alleen nog kiezen welke jouw voorkeur heeft – de hoeveelheden die ik geef zijn steeds voldoende om vier vissen mee te beleggen.

8 middelgrote aardappelen, geschild
olijfolie
een handvol verse rozemarijn, alleen de blaadjes
een handvol zwarte olijven zonder pit
zeezout en zwarte peper uit de molen
4 tongen of tongscharren, geschubd en schoongemaakt
extra vierge olijfolie
het sap van 1 citroen
een handvol wilde rucola

garnituren, naar keuze
4 rijpe rode tomaten, in plakjes
8 ansjovisfilets
of
12 plakjes pancetta, gehakt
4 takjes verse rozemarijn, alleen de naaldjes
of
20 rode en gele kerstomaatjes, van pitjes ontdaan, grof gehakt
4 takjes verse basilicum, alleen de blaadjes, in stukjes gescheurd

Verwarm de oven voor op 200 °C/gasovenstand 6 en pak een braadslee die groot genoeg is om de vissen naast elkaar in te leggen.

Snijd de aardappelen in plakken van ongeveer 1 cm dik, hussel ze door wat olijfolie, doe de rozemarijn, olijven en peper en zout erbij en leg ze in een laag op de bodem van de braadslee. Dek de aardappelen strak af met een dubbele laag aluminiumfolie en zet ze 20 minuten in de voorverwarmde oven, of tot ze net zacht zijn. Haal de folie eraf en zet ze nog 10 minuten in de oven, tot ze licht goudbruin zijn.

Kwast de tongen in met een beetje olijfolie en bestrooi ze met een beetje peper en zout. Haal de braadslee uit de oven en leg de vissen zij aan zij op de hete plakken aardappel. Strooi nu het garnituur van jouw keuze op de vis. Sprenkel er een beetje extra vierge olijfolie over en zet de braadslee nog 15 tot 20 minuten in de hete oven, tot de vis gaar en mooi goudbruin is.

Om te serveren kun je er een beetje met olijfolie en citroen aangemaakte rucola over strooien. Of je geeft er een gemengde salade bij. En misschien een paar extra partjes citroen om erover uit te knijpen.

calamari in padella con limone e pangrattato

voorgerecht voor 4 pers.
hoofdgerecht voor 2 pers.

in de pan gebakken inktvis met citroen en pangrattato

Ik heb in een oud Italiaans kookboek een recept net als dit gevonden. Op de een of andere manier heeft het wel iets weg van 'fish and chips' vanwege het zalige contrast tussen de malse, zachte structuur van de inktvis en de krokante pangrattato, die als beslag fungeert. Het is eenzelfde combinatie van texturen en smaken, met wat extra pit van de Spaanse peper en het zuurtje van de citroen. Een heerlijk gerecht om te maken als je nog wat oud broodkruim hebt liggen.

olijfolie
1 of 2 verse rode Spaanse pepers, ingeprikt
6 tenen knoflook, ongepeld, licht gekneusd
2 grote handenvol kruim van oud brood
zeezout en zwarte peper uit de molen
4 baby-inktvisjes, schoongemaakt (vleugels laten zitten en de tentakels aan één stuk laten)
½ citroen, in zeer dunne plakjes
een handvol bladpeterselie, alleen de blaadjes, in reepjes gesneden

Verhit 6 eetlepels olie in een pan met dikke bodem. Doe de hele pepers, de knoflook en het broodkruim erbij en roerbak dit alles een paar minuten tot de kruimels krokant en goudbruin zijn. Strooi er een beetje peper en zout op en laat het mengsel op een stuk keukenpapier uitlekken.

Veeg de pan schoon met een stuk papier en zet hem op hoog vuur. Doe er een flinke scheut olijfolie in, bestrooi de inktvissen en tentakels met zout en peper en leg ze samen met de plakjes citroen in de hete pan. Als ze niet goed passen, doe het dan in twee porties – ze moeten niet tegen elkaar aan gepropt liggen. Bak ze 1 minuut tot ze goudbruin zijn, keer de inktvissen om en bak ook de andere kant 1 minuut. De plakjes citroen kleuren sneller en moeten dus ook eerder omgedraaid worden dan de inktvis. Haal ze meteen uit de pan als ze er zo uitzien als die op de foto hiernaast. Kleine inktvisjes zullen nu ook klaar zijn, maar als het iets grotere exemplaren zijn hebben ze mogelijk iets meer tijd nodig. Zet de pan van het vuur en verdeel de inktvissen en de plakjes citroen over de borden. Strooi er de pangrattato en de peterselie over. Heerlijk met wat licht aangemaakte rucolasalade en een glas koele witte wijn.

pesce alla griglia

gegrilde vis

In Palermo heb ik eens samen met de 'grillman' vis geroosterd op de avondmarkt van Il Borgo. Om het even in perspectief te plaatsen: dat is niet bepaald de veiligste plek om 's avonds rond te hangen – in mijn ogen heerste daar een soort hedendaags anarchisme, met jochies van twaalf jaar oud die in gedeukte auto's en zesjarigen die op oude scooters rondscheurden, liefst nog met een kleuter van twee achterop! Op de avond dat ik er was stond een vrouw samen met haar moeder en haar dochter haar schoonzoon uit te foeteren omdat hij vreemdgegaan was. Het was een geschreeuw van jewelste! Het is een bijzonder sfeervolle locatie, en ze vormt de kern van de Siciliaanse straatvoedselcultuur.

Op de markt van Il Borgo gaat het zo: je koopt je vis bij één van de viskramen – ze zijn allemaal buitengewoon goed en de vis is super – en betaalt de grillman een paar euro om je spullen met wat zout en olie op de barbecue te roosteren. Je hangt wat rond en drinkt een drankje terwijl hij staat te bakken, dan hang je wat rond terwijl je staat te eten en na afloop blijf je nog even hangen om te kijken naar alles wat er gebeurt!

Ik heb een aantal heel eenvoudige manieren bedacht om de geroosterde vis te aromatiseren met verse en gedroogde kruiden, gekruid zout en gekruide olie. Je kunt het mengsel in de vis proppen, hem ermee inwrijven of het er tijdens het roosteren over strooien, zodat de vis absoluut fantastisch gaat smaken. Ik pak vaak een bosje rozemarijn, tijm, laurier of oregano, of een mix daarvan, bind dat tot een strak bundeltje en gebruik dat dan om de vis met olie in te kwasten. De plaatselijke bevolking bakt de vis geheel naturel en kruidt hem helemaal nergens mee, omdat de vis zo vers is. Hoewel ze er niet echt voor in zijn om iets nieuws te proberen, waren de meeste mensen dolenthousiast toen ik ze mijn gekruide versie liet proeven – ze vonden het fantastisch!

Door de olie en het zout te kruiden krijg je subtiele, aromatische smaken. Probeer het de volgende keer dat je gaat barbecuen maar eens – je zult er geen spijt van krijgen. Het werkt ook heel goed met dingen als kip, lamsbout en karbonaadjes. Smeer een kippetje maar eens in met salmoriglio of aromatiseer een karbonaadje met sinaasappel en rozemarijnzout (zie pagina 194 voor beide recepten).

Mijn favoriete verse kruid is venkel, maar ook bijvoorbeeld peterselie, basilicum en munt zijn bijzonder geschikt om fijngesneden in de buikholte en in inkepingen in de buitenkant van de vis te proppen; ze geven een verrukkelijke smaak. Het vel wordt lekker krokant, terwijl de kruiden in de vis gestoomd worden en het vlees een heerlijk parfum geven – absoluut genieten. De vier eerder genoemde kruiden zijn heel delicaat van smaak, en je moet er wel buitensporig veel van gebruiken wil de smaak ervan die van de meeste soorten vis overheersen. Bestrooi garnalen of vissoorten als mul ook met het sinaasappel- en rozemarijnzout – zalig.

mijn ideeën over barbecues

Als je mag kiezen wat voor een barbecue je gaat kopen, kies dan voor een stevig exemplaar met dikke roosters. Ik gebruik tegenwoordig alleen nog die van Caribbean Cookers (www.caribbeancookers.com) – die zijn niet bepaald goedkoop, maar je zult er geen spijt van krijgen. Ik ontdekte ze in Oxford, waar ze in de garage van de eigenaar gebouwd worden! Na twintig jaar gebruik zijn ze nog steeds in perfecte staat en zien er zelfs nog mooier uit.

mijn ideeën over het aansteken van het vuur

Als je de volgende keer aan de beurt bent om de tuin op te ruimen, moet je de takjes en twijgjes zeker niet weggooien, maar ze te drogen leggen in de garage of schuur – goed gedroogd branden ze heel gemakkelijk. Ik vind dat aanmaakblokjes en vuursprays een smerige bijsmaak geven (plus dat een van mijn vrienden zichzelf eens in de fik gestoken heeft toen hij zijn barbecue met petroleum aan wilde steken…). Kleine stukjes droog hout en blaadjes, snippers krantenpapier, houtskool en een beetje lucht vormen een perfecte combinatie.

Om te beginnen moet je ervoor zorgen dat de barbecue goed schoon is en de luchtgaten aan de onderkant open zijn. Leg een laag papierpropjes onderin, met daarop kriskras je aanmaakhoutjes, als een soort kleine tipi, zodat er voldoende lucht bij kan komen. Leg er nu een paar kleine stukjes houtskool omheen en vervolgens weer wat propjes papier en aanmaakhoutjes. Bouw het op tot een hoogte van zo'n 30 cm en steek het aan de onderkant, voor- en achterkant en zijkanten aan. Scheur een flink stuk van een kartonnen doos af en gebruik dat als waaier voor het vuur.

Na 10 minuten moet het vuur lekker op gang zijn, dus blijf flink wapperen en laat het vuur zijn gang gaan. Als de kooltjes goed heet en wit zijn is het tijd om er voorzichtig een volgende laag op te strooien. Stort alles er niet in één keer op, anders doof je het vuur. Als er eenmaal een behoorlijke hoeveelheid kooltjes in de barbecue ligt, moet je die aan de ene kant hoog opstapelen, tot net onder het rooster, en aan de andere kant laag houden. Laat het vuur nu rustig branden tot de kooltjes witheet en de vlammen verdwenen zijn – dat duurt 30 minuten tot 1 uur, afhankelijk van de hoeveelheid houtskool. Een vriend van me heeft altijd een tweede barbecue staan die hij zijn 'hotbox' noemt, om altijd voldoende hete kooltjes achter de hand te hebben als hij voor meer dan 15 mensen moet roosteren.

mijn ideeën over vis roosteren

Haal een mooi assortiment hele vissen in huis – kabeljauw, zaagbaars, zeebaars, of zelfs een kleine griet of tarbot – die zijn fantastisch. Maar ook wat filets, zoals rode mul of zeebrasem. Ook inktvis en kleine sardines zijn verrukkelijk. Sommige mensen zijn bang om vis te roosteren omdat ze bang zijn die te rauw te serveren, maar als het verse vis is, is dat wel het laatste waar je over in hoeft te zitten – je moet eerder oppassen dat vis niet te gaar wordt. Voor het bepalen wanneer je vis voldoende gaar is kan ik wel een paar grove richtlijnen geven, maar het is vooral afhankelijk van het soort barbecue en van de hitte die hij afgeeft. Vis roosteren is echt een van de makkelijkste dingen die er zijn, juist omdat het proces niet verborgen in de oven verloopt. Je kunt het zien, horen en ruiken. Je hebt de volledige controle. Kwast het rooster voordat je begint in met een beetje olie – daardoor voorkom je dat de vis eraan vastplakt. Een ander trucje dat ik in Italië geleerd heb, is dat de vis, als je hem flink met zout bestrooit en zo 15 minuten laat liggen, ook niet aan het rooster vastplakt, omdat het zout het vocht aan het vel onttrekt. Heel slim.

(vervolg op pagina 194)

Als je een heleboel verschillende soorten vis hebt – groot, klein, dik, dun, heel of gefileerd – zullen die allemaal verschillende gaartijden hebben. Vanzelfsprekend heeft een grote vis op de graat misschien wel een half uur op de barbecue nodig, of moet hij zelfs in de oven afgemaakt worden, maar iets kleins als een ansjovis of bijvoorbeeld een filet van rode mul is binnen de kortste keren klaar. Leg je vis voordat je begint op een rooster klaar, in volgorde van de gaartijd. En bereid ook je kruiden voor, als je die gebruikt.

Op een hete barbecue heeft een visfilet van 1 cm dik een paar minuten aan elke kant nodig om prachtig gaar te worden. Tweemaal zo dik betekent tweemaal zo lang – gewoon je verstand gebruiken. Je kunt altijd je mes in het dikste deel van de vis steken om te controleren of hij gaar is – wanneer het vlees gemakkelijk van de graat komt is het goed. Dingen als garnalen en coquilles zijn altijd heerlijk, en je kunt ze goed op een spies prikken. Ik probeer altijd zo veel mogelijk één kruiderij voor elke soort vis te gebruiken, zodat elke soort een totaal verschillende ervaring geeft.

Als de vis eenmaal gaar is, sprenkel je er nog wat olijfolie en een kneepje citroensap over en zet je alles op een grote schaal op tafel. Een paar vingerkommetjes en een schaaltje met schijfjes citroen op tafel is altijd handig voor het geval je gasten vieze vingers mochten krijgen.

salmoriglio (marjoleinsaus)

Doe 2 handenvol verse marjolein of oregano in een vijzel en stamp en wrijf de kruiden tot een pasta. Maak ze aan met extra vierge olijfolie. Knijp er wat citroensap bij, proef en breng het sausje op smaak met peper en zout. Als je denkt dat er nog wat meer citroensap bij moet, ga gerust je gang. Deze olie is fantastisch om de vis voor het roosteren mee in te kwasten of achteraf mee in te wrijven. Hij is vooral heerlijk bij tonijn en zwaardvis, maar past ook heel goed bij kip en wit vlees.

rozemarijn-en-sinaasappelzout

Dit gekruide zout moet je absoluut een keer proberen – je zult ervan staan te kijken hoe pittig het smaakt. Gebruik er fijn zeezout voor en geen gewoon tafelzout. Op Sicilië zijn ze vrij royaal met zout – bepaal zelf hoeveel zout je wilt gebruiken. Wrijf er je vis of vlees mee in, dep er wat olijfolie op en leg de vis of het vlees op de barbecue. Dit zout is ook heel geschikt om varkensvlees mee in te wrijven, of over een tomatensalade met basilicum te strooien. Of in de pan gebakken garnalen…

2 flinke takken verse rozemarijn, alleen de naaldjes
de geraspte schil van 1 sinaasappel
de geraspte schil van 1 citroen
100 g gemalen zeezout

Wrijf of maal de rozemarijnblaadjes in een vijzel of keukenmachine tot pulp. Rasp de sinaasappelschil en de citroenschil met een heel fijne rasp, bij voorkeur een Microplane of Cuisipro. Meng het zout met je vingers door het rozemarijnmengsel en leg het op een plaat – in het begin is het vochtig en klef, maar het wordt hard als het uitdroogt. Je kunt het direct gebruiken of 5 tot 6 uur wachten en het in stukjes breken. In een luchtdichte pot is het wel een maand houdbaar.

pesce spada alla griglia con la salsa di giovanna

voor 4 personen

gegrilde zwaardvis met salsa di giovanna

Anna Tasca Lanza zwaait de scepter op het Regaleali-landgoed op Sicilië en is een van de bekendste koks van Italië. Giovanna is de steunpilaar van haar keuken, en deze saus is een van Giovanna's specialiteiten. Ze gebruikt hem bij vis – hij is echt fantastisch bij grote vissen als tonijn, zwaardvis en haai, maar ook erg lekker om bij inktvis en garnalen in de pan te doen. Eerlijk gezegd kun je er ook goede sier mee maken als je er een kip voor het braden mee insmeert.

het sap van 1 citroen
extra vierge olijfolie
zeezout en zwarte peper uit de molen
3 tenen knoflook, gepeld en in dunne plakjes gesneden
een takje verse munt, alleen de blaadjes, grof gesneden
een takje verse oregano, alleen de blaadjes, grof gesneden
4 plakken zwaardvis of tonijn van 1 cm dik

Pers de citroen uit in een kom en giet er 3 keer zoveel olijfolie bij. Voeg peper en zout toe en roer de knoflook, munt en oregano erdoor.

Zet een grillpan of koekenpan op het vuur tot hij zeer heet is en wrijf je zwaardvis of tonijn in met peper en zout. Leg de plakken vis in de pan en bak ze 1 minuut aan elke kant, tot ze mooi goudbruin zijn. Hierdoor blijft de vis vanbinnen nog een beetje roze, maar als je dat liever niet hebt mag het ook iets langer. Verdeel de vis over de borden en schep de saus erover.

de markt in trapani op sicilië –
beroemd om de tonijn en de sardientjes

pesce intero al forno in crosta di sale

voor 6 tot 8 personen

hele vis gebakken in zout

In het zuiden van Italië maakt men vis vaak in z'n geheel klaar, vooral vaak gebakken in zout. Het basisprincipe is dat je de vis voor het bakken helemaal in zout pakt, of het nu een hele zeebaars, tarbot of tonijn is (zoals op de foto) of kleinere visjes zoals sardine. Elke hele vis kan in zout gebakken worden, maar je moet wel altijd eerst de ingewanden verwijderen. Iets anders wat je moet onthouden is dat het zout nooit direct op het vlees mag zitten – het zout is er niet om smaak te geven, maar is onderdeel van de kookwijze. Wat er gebeurt, is dat het zout in de oven steenhard wordt en de vis aan de buitenkant zeer droog en krokant, terwijl de sappen en natuurlijke smaak vastgehouden worden.

De basismanier om een zoutkorst te maken is door er water bij te doen (gebruik altijd zeezout) en de vissen in dat mengsel in te pakken. Bij kleine brasem, mul of sardines kun je volstaan met een laagje van ongeveer 1 cm, maar als je bijvoorbeeld een zware baars van 3 kilo hebt, moet de laag minstens 3 cm dik zijn. Ik heb mijn oude methode nog iets geperfectioneerd door er een ei aan toe te voegen, waardoor je een nog hardere korst krijgt. Ik gooi er ook venkelzaad en geraspte citroen- en sinaasappelschil bij om het een subtiel extra smaakje te geven.
P.S. Je denkt misschien dat het een hoop gedoe is, maar het is echt heel gemakkelijk.

2 kg vis (zie boven), geschubd en leeggehaald
een paar takjes verse kruiden (basilicum, peterselie, pluizige venkeltoppen)
2 citroenen, 1 in plakken gesneden, 1 geraspt
3 kg grof zeezout (voor elke kilo vis heb je 1,5 kilo zout nodig)
de geraspte schil van 1 sinaasappel
1 ei, liefst biologisch, losgeklopt
een handvol venkelzaadjes
olijfolie

Verwarm de oven voor op 220 °C/gasovenstand 7. Nadat de vis is leeggehaald, prop je de buikholte vol met een mengsel van fijne kruiden en smaakgevers zoals basilicum, peterselie, venkeltopjes en schijfjes citroen. Meng het zout met de sinaasappel- en citroenschil, het ei en de venkelzaadjes. Giet er een scheutje warm water bij en bewerk het mengsel tot het eruitziet als nat zand. Strooi een laag van ongeveer 1 cm dik op een bakplaat en maak een soort bedje voor elke vis. Wrijf de vissen in met wat olie en leg ze op het zout. Schep de rest van het zout erop en druk het aan. De koppen en staarten hoeven niet bedekt te zijn.

Bak de vis 20 tot 40 minuten in de voorverwarmde oven. De tijd is afhankelijk van de dikte van de zoutlaag, de oven, de soort en maat van de vis en de temperatuur van de vis toen die de oven in ging. Het is moeilijk om honderd procent accuraat te zijn, dus kun je het best een vork in het dikste stuk van de vis prikken, die een seconde of tien laten zitten, hem er snel uittrekken en tegen je lippen houden. Als de vork warm aanvoelt is de vis gaar, zo niet dan moet het nog iets langer. Als je dan nog niet zeker van je zaak bent, kun je ook een stukje van het zout wegbreken en controleren of het visvlees van de graat loskomt. Als dat niet het geval is moet de vis nog even terug in de oven. Zet de hele plaat op tafel. (Het is wel handig om een aparte kom op tafel te zetten om de brokken zout in te doen.)

le migliori polpette di tonno

voor 4 personen

de allerbeste tonijngehaktballen

Bijna iedereen die ik ken is gek op gehaktballen, dus ik dacht kom, laat ik eens een recept geven voor deze, die weer eens iets anders zijn. Ik heb ze op Sicilië op dezelfde manier gezien, gemaakt van een mengsel van tonijn en zwaardvis – maar wel van verse tonijn en niet uit blik. Deze ballen moeten absoluut van verse vis gemaakt en met Siciliaanse kruiden en smaakmakers gekruid worden – dit recept doet niet onder voor de gehaktballen van vlees!

voor de tomatensaus

olijfolie
1 kleine ui, gepeld, fijngehakt
4 tenen knoflook, gepeld en in dunne plakjes gesneden
1 theelepel gedroogde oregano
2 blikken van 400 g gepelde tomaten, van goede kwaliteit
zeezout en zwarte peper uit de molen
rodewijnazijn
een klein bosje verse bladpeterselie, alleen de blaadjes, grof gehakt

voor de gehaktballen

400 g tonijn
olijfolie
55 g pijnboompitten
1 afgestreken theelepel kaneel
zeezout en zwarte peper uit de molen
1 theelepel gedroogde oregano
een handvol verse bladpeterselie, gehakt
100 g kruim van oud brood
55 g van het stuk geraspte Parmezaanse kaas
2 eieren
de geraspte schil en het sap van 1 citroen

Begin met het maken van de saus. Zet een grote pan op het vuur, giet er een flinke scheut olijfolie in, doe de uitjes en knoflook erin en bak die een minuut of tien op laag vuur, tot ze zacht zijn. Doe oregano, tomaat, peper en zout erbij en breng het mengsel aan de kook. Laat het ongeveer 15 minuten pruttelen en pureer het tot een gladde saus. Proef het – misschien moet er nog een scheutje rodewijnazijn bij, of wat extra kruiden.

Terwijl de tomaten staan te pruttelen kun je de tonijn in blokjes van 2,5 cm snijden. Schep een paar eetlepels olijfolie in een grote koekenpan en zet die op het vuur. Doe de stukken tonijn met de pijnboompitten en de kaneel in de pan. Bestrooi ze met een klein beetje peper en zout en laat ze een paar minuten bakken, tot de stukken vis rondom bruin en de pijnboompitten goed geroosterd zijn. Zet de pan van het vuur en doe het mengsel over in een kom. Laat het 5 minuten afkoelen en doe de oregano, de peterselie, het broodkruim, de Parmezaanse kaas, de eieren, de citroenschil en het citroensap erbij. Knijp en wrijf alles goed door elkaar met je handen en kneed er balletjes ter grootte van een golfbal van. Maak tussendoor steeds je handen even nat, dan krijg je mooie gladde balletjes. Als het mengsel erg plakkerig is, kun je er nog wat extra broodkruim bij doen. Maak alle balletjes ongeveer even groot, leg ze op een ingevette bakplaat en laat ze een uurtje rusten in de koelkast.

Zet de pan waarin je de tonijn gebakken hebt met een scheutje olijfolie op het vuur. Leg de gehaktballen in de pan en rol ze rond tot ze rondom goudbruin zijn. Je kunt ze in een paar porties bakken – leg ze als ze klaar zijn in de tomatensaus. Verdeel de balletjes over de borden, bestrooi ze met gehakte peterselie en sprenkel er wat goede olijfolie over. Heerlijk met spaghetti of linguine.

tonno di nonna fangitta

voor 4 personen

nonna fangitta's tonijn

Een aardige dame, Nonna Fangitta geheten, maakte dit ongelofelijke gerecht voor me klaar op het eilandje Favignana, dat voor de kust van Sicilië ligt. Het is echt erg lekker, en je kunt de kliekjes ervan de volgende dag in de pasta of door een salade doen. Koop de tonijn bij voorkeur aan één stuk.

1 kg verse, rijpe tomaten (rode, gele en oranje als het even kan)
400 g verse tonijnfilet, aan één stuk
3 tenen knoflook, gepeld, in dunne plakjes gesneden
2 takjes verse rozemarijn, alleen de naaldjes
1 verse rode Spaanse peper, van pitjes ontdaan, in dunne ringetjes gesneden, of 1 verkruimelde gedroogde
olijfolie
een klein handje kappertjes, afgespoeld
6 ansjovisfilets
1 opgehoopte theelepel gedroogde oregano
1 kaneelstokje
1 blik van 400 g gepelde tomaten, van goede kwaliteit
zeezout en zwarte peper uit de molen
desgewenst: een klein handje verse bladpeterselie, gehakt

Pak een pan waar de tonijn precies in past – het is heel belangrijk dat je geen te grote pan gebruikt, omdat het de bedoeling is de tonijn in de tomatensaus te pocheren. Als de pan te groot is werkt dat niet, omdat je dan niet genoeg saus hebt. Zet de pan op hoog vuur en giet er een ketel kokend water in. Dompel de tomaten zo'n 40 seconden onder en laat ze in een vergiet uitlekken. Leg ze een halve minuut in een kom koud water, laat ze dan even uitlekken en een beetje afkoelen voordat je het vel eraf trekt en de zaadjes er voorzichtig uitknijpt. Prik ondertussen 8 of 9 gaatjes in één kant van de tonijn. Stop in elk van de gaatjes (zoals je op de foto ziet) een plakje knoflook, wat rozemarijnnaaldjes en een flintertje Spaanse peper. (De rest van de knoflook, de rozemarijn en de Spaanse peper gaat door de tomatensaus.)

Zet de pan weer op het vuur en giet er wat olijfolie in. Doe de overgebleven knoflook, rozemarijn en Spaanse peper, en de kappertjes, de ansjovis, de oregano en het kaneelstokje in de pan en wacht tot de knoflook zacht begint te worden. Doe dan de verse tomaten en de tomaten uit blik erbij, laat het zaakje aan de kook komen en zet het vuur lager, zodat het zachtjes blijft pruttelen. Steek de tomaten in de saus met een houten lepel kapot en breng de saus op smaak met peper en zout. Leg het stuk tonijn in de saus en druk het zachtjes naar de bodem van de pan. Leg het deksel ietsje schuin op de pan en laat de vis in ongeveer 25 minuten garen (de tijdsduur is afhankelijk van de dikte van het stuk tonijn). Je kunt testen of de vis gaar is door het stuk vis op te tillen en te kijken of het vlokkerig is.

Zet als de tonijn gaar is de pan van het vuur en laat de vis met het deksel op de pan afkoelen tot eettemperatuur. In Italië eet men dit gerecht gewoonlijk als eerste gang, met een drupje olijfolie en wat peterselie, maar het is ook erg lekker op crostini. Ik zet de pan meestal gewoon op tafel, zodat iedereen zelf kan opscheppen. Heerlijk met een stukje brood.

couscous con pesce di nonna giusy

nonna giusy's vis met couscous

voor 4 personen

Toen ik op het eilandje Marettimo was, ontdekte ik dat het beroemd is om zijn Afrikaans getinte couscousgerechten. Op een dag liep ik door het stadje en vroeg aan de plaatselijke bewoners bij wie ik moest zijn voor de beste couscous. Natuurlijk was het antwoord in alle gevallen: 'Mia mamma'! Dat wil zeggen, tot één jongen me uitnodigde om kennis te maken met zijn grootmoeder – Nonna Giusy. Zij bleek een fantastische vrouw te zijn, die met de hand haar eigen couscous maakte van grof griesmeel dat ze met een beetje water tussen haar vingertoppen wreef in een grote kom, tot het in kleine klontjes aan elkaar bleef kleven. Het was echt ongelofelijk lekker en gemakkelijk te maken, maar ik denk dat het soort meel dat zij gebruikte buiten Italië erg lastig te vinden is, dus ik raad je aan om in dit geval een goede kwaliteit couscous te kopen.

Dit is de manier waarop de vrouwen op het eiland de vis klaarmaken die hun mannen dagelijks van zee terugbrengen. Wanneer ze de boten aan zien komen, zetten ze de couscous alvast op en treffen ze voorbereidingen om de vis te pocheren. Het is een bijzonder interessante en verdomd lekkere methode. Ik heb drie uur bij Nonna Giusy thuis gezeten om het te leren. Heel veel dank daarvoor, Nonna! (Ze maakt trouwens ook een fantastische limoncello!)

voor de couscous
1 kleine ui, gepeld
een halve bol knoflook
een flinke handvol verse peterselie, gehakt
400 g couscous

voor de vis
olijfolie
1 grote witte ui, gepeld, in plakjes gesneden
4 tenen knoflook, gepeld, in plakjes gesneden
een halve gedroogde rode Spaanse peper, verkruimeld
2 rode mullen of brasems van 300 tot 400 g elk, geschubd en leeggehaald
2 potten van 700 g passata
zeezout en zwarte peper uit de molen
een flinke handvol verse peterselie, gehakt

Om de couscous te maken moet je om te beginnen de ui, knoflook en peterselie in een keukenmachine fijnhakken. Roer het mengsel door de couscous, zet die in een stoompan of in een vergiet boven een pan kokend water en laat de couscous een half uur lang heel zachtjes stomen. Doe de couscous over in een dienschaal.

Zet ondertussen een pan op een laag vuurtje en giet er een flinke scheut olijfolie in. Doe de in plakjes gesneden ui en knoflook en de Spaanse peper erbij en laat ze op laag vuur 5 minuten bakken. Leg de vis in de pan en giet de passata en eenzelfde hoeveelheid water erover, zodat de vis volledig bedekt is. Strooi er een beetje peper en zout bij en houd de vis 20 minuten tot tegen de kook aan. Zet de pan van het vuur, schep de vissen voorzichtig op een bord en giet de helft van de saus in de schaal met couscous. Roer goed. Op dit moment dekt Nonna Giusy de kom af met een paar doeken, zodat de couscous lekker warm blijft terwijl de saus wordt geabsorbeerd. Je kunt het op haar manier doen, of je dekt de schaal af met aluminiumfolie en zet hem een half uur in een op 80 °C (gasoven: de allerlaagste stand) verwarmde oven.

Verdeel het vlees van de vissen in vlokken en doe ze in een tweede dienschaal. Let op dat je alle graatjes eruit haalt. Schenk de rest van de pocheersaus erover, strooi er de gehakte peterselie over en zet de twee schalen op tafel, zodat iedereen voor zichzelf kan opscheppen.

RNI
i MAN ROSA & C. snc

vlees

Ik ben me er zeer wel van bewust dat de foto op de pagina hiernaast niet alleen heel treffend maar ook gruwelijk is, dus ik zal uitleggen waarom ik besloten heb hem in dit boek op te nemen en ook waarom dit hele hoofdstuk visueel vrij pittig is. Wat je hier ziet is in Italië een heel normaal beeld. Ik wilde de foto per se gebruiken omdat de Italianen, wanneer ik met hen over vlees sprak, altijd begonnen over de natuurlijke omgeving waarin het dier geleefd had, over de heerlijke kruiden, kastanjes en vruchten die het gedurende zijn leven gegeten had en over de manier waarop het dier was behandeld. En dat alles nog voordat het dier geslacht was en voordat ze erover dachten om het voor zichzelf te bereiden. Zelfs de kinderen lijken heel goed te begrijpen dat sommige dieren er zijn om op te eten en dat ze zeker niet als huisdier gehouden worden. Ik vind het prachtig dat hun concept van humaan niet alleen betrekking heeft op de manier van slachten, maar ook te maken heeft met het hele leven en welzijn van het dier.

Het was belangrijk voor me om dit in dit boek op te nemen, omdat het een eerlijke afspiegeling is van wat ik in Italië gezien heb en omdat veel te veel mensen in Engeland hun ogen sluiten voor de oncomfortabele aspecten van het eten van vlees. En wat mij betreft ligt daarin het probleem. Omdat het merendeel van de mensen het dode dier waarvan hun stukje vlees afgesneden wordt helemaal niet wil zien, hebben grote bedrijven daar een oplossing voor gevonden… uit het oog: uit het hart. Dieren worden onder afschuwelijke omstandigheden in batterijen gehouden en vol antibiotica gepompt (omdat ziektes in een dergelijke omgeving onvermijdelijk zijn). Natuurlijk, ze kunnen je massaal geproduceerde kippenpoten of kipfiletjes leveren, en proberen je te helpen om je kinderen eten te geven door vlees zodanig te verwerken, te bewerken en te verpakken dat het totaal niet meer herkenbaar is. Met een cocktail van conserveringsmiddelen, kleurstoffen en smaakversterkers in het voedsel is het niet moeilijk te bedenken waarom Engeland een van de meest ongezonde landen van Europa is en waarom mijn kinderen de eerste generatie is waarvan verwacht wordt dat ze hun ouders niet overleven. Hoe schokkend is dat?

De herder op de foto heeft zijn hele leven lang minder verdiend dan een Engelse uitkeringstrekker, maar het vlees dat hij eet doet niet onder voor wat de leden van het koninklijk huis voorgeschoteld krijgen. Het is de eerlijke verhouding tussen de gemiddelde Italiaan en zijn land die helpt bij het maken van de juiste keuze van wat hij eet… en dat heeft er weer voor gezorgd dat Italianen na Japanners en IJslanders de hoogste levensverwachting ter wereld hebben.

Dit onderwerp zit me heel hoog. Ik hoop dan ook dat je deze foto, en andere in dit hoofdstuk, met andere ogen zult bekijken nu je dit gelezen hebt. En als je na het lezen nog steeds vegetariër wilt worden, alle respect. Maar besluit je alleen nog maar goed vlees te eten, dan ben ik helemaal blij! Wij staan tenslotte boven aan de voedselketen. Maar stop in godsnaam met het steunen van die kl*********n die goedkope, smakeloze troep produceren die minder natuurlijk is dan je wilt geloven. Doe mij een lol en ga naar www.themeatrix.com. Daar vind je een ongelofelijk filmpje met een zeer krachtige boodschap dat je ook aan je kinderen kunt laten zien.

En de volgende keer dat je vlees koopt, moet het echt biologisch of scharrelvlees zijn. Als je financieel niet in staat bent om zes of zeven dagen per week goed vlees te eten, moet je dat accepteren en dat dan maar drie keer per week doen, net zoals de Italianen… kwaliteit boven kwantiteit. En vooral: vraag je slager waar het dier vandaan komt, wat voor voer het gekregen heeft en hoe het behandeld is. Dat is een goed begin.

peposo

voor 10 personen

de beroemde jagersstoofpot van rundvlees

Dit is een verbazingwekkend krachtig, oud Toscaans gerecht. Laat je niet afschrikken door de hoeveelheid knoflook en peper, het is niet heter dan een milde curry en het smaakt fantastisch. Laat het als het even kan een hele nacht in een matig warme oven staan, dan is het de volgende ochtend echt supermals en overheerlijk. Het staat ook wel bekend als 'jagersbrunch', omdat het een heerlijk stevige hap is na een ochtendje jagen. Op een bruschette (zoals op de foto) is het werkelijk een toastje energie!

Ik heb dit gerecht zien klaarmaken van schijven vlees met een stuk bot erin, zoals voor ossobuco. Er zijn slagers die het vlees niet zo voor je willen afsnijden; in dat geval neem ik de runderschenkel mee naar huis en snijd ik het vlees er zelf in dikke stukken vanaf. Het bot kun je mee laten stoven voor de smaak. Het resultaat is dan werkelijk authentiek.

2,5 kilo runder- of kalfsschenkel
20 tenen knoflook, gepeld
4 opgehoopte eetlepels zwarte peper uit de molen
zeezout
5 takjes verse rozemarijn
2 flessen Chianti of andere fruitige rode wijn
2 laurierblaadjes

Snijd het vlees in dikke stukken van het bot. Verwarm de oven voor op 150 °C/gasovenstand 2. Neem een grote pan waar de ingrediënten precies in passen. Leg eerst een laag vlees in de pan en daar bovenop een paar hele tenen knoflook. Strooi er vervolgens één van de eetlepels peper en een beetje zout over. Leg er een of twee takjes rozemarijn op, dan weer een laag vlees en ga zo laag voor laag door tot alle ingrediënten op zijn en de pan bijna vol is. Giet de wijn erover, leg het bot en de laurierblaadjes in de pan en giet er zoveel water bij dat het vlees onder staat.

Breng de hele zaak aan de kook, dek de pan strak af met een dubbele laag folie en zet hem ongeveer 6 uur – of tot het vlees goed mals is – in de voorverwarmde oven. Als je de pot een hele nacht wilt laten stoven (zoals veel Italianen doen), moet je de oventemperatuur verlagen tot 140 °C/gasovenstand 1 en het vlees er 8 uur of langer in laten staan, tot het zo mals is dat het uit elkaar valt. Zorg er wel voor dat het folie de pan goed afsluit zodat er geen vocht uit kan ontsnappen.

Haal wanneer het vlees gaar is het folie van de pan, schep het bovendrijvende vet af en haal het bot, de laurierblaadjes en de takjes rozemarijn uit de pan. Het vlees moet werkelijk boterzacht zijn. Het stoofvocht is licht van kleur, maar rijk en krachtig van smaak. Proef en breng het op smaak met peper en zout. Steek het vlees nu met een lepel kapot, schep een flinke lepel ervan op een hete, geroosterde bruschetta en sprenkel er een paar drupjes olijfolie over. Een heerlijke, verwarmende brunch voor een koude wintermorgen. Je kunt peposo ook als compleet diner serveren, met gekookte worteltjes, nieuwe aardappeltjes en cavolo nero. Het is ook erg lekker met wat polenta en een scheutje extra vierge olijfolie van goede kwaliteit.

maiale alla griglia e arrosto

voor 12 personen

gegrild en gebraden varkensvlees

Toen ik in Altamura was, in Apulië, heb ik dit gegrilde en gebraden varkensribstuk een keer voor een groep Italiaanse vrienden klaargemaakt. Het is een heel mooi gerecht om op een feestje te serveren, omdat je het 15 minuten op de barbecue legt en dan een uur in de oven kunt schuiven zonder dat je er nog omkijken naar hebt. Bovendien kun je het zowel warm als koud eten. Mijn baas in het River Café, Rose Gray, bedroop haar gegrilde varkensvlees altijd met kruidenazijn met laurierblaadjes, en dat is een fantastische combinatie. Probeer het maar eens, of gebruik rozemarijn in plaats van laurier. In Italië kruidden we ons vlees met venkelzaad, gedroogde Spaanse peper en peper en zout. Ik geef hier het recept voor 12 personen, maar je kunt het natuurlijk ook halveren, of zelfs verdubbelen. Het is doodeenvoudig, en het wordt zo mogelijk nog gemakkelijker als je aan de slager vraagt om het vlees voor je voor te bereiden. Bestel gewoon 2 kg varkensribstuk, gefileerd en zonder vel.

2 opgehoopte eetlepels venkelzaad
2 of 3 gedroogde rode Spaanse pepers
1 stuk van 2 kg varkensribstuk, liefst biologisch (zie boven)
olijfolie
zeezout en zwarte peper uit de molen
10 eetlepels rodewijnazijn van goede kwaliteit
een bosje verse rozemarijn, alleen de blaadjes

Stamp om te beginnen het venkelzaad fijn in de vijzel, kruimel de Spaanse pepertjes erbij en stamp ook die fijn. Door de pepertjes krijgt het een subtiel heet tintje, daarom laat ik de hoeveelheid ook geheel aan jouw eigen smaak over. Leg het ribstuk op een snijplank en snijd het vet kruislings in. Wrijf het stuk vlees rondom in met een beetje olijfolie en bestrooi het met het fijngestampte mengsel van venkelzaad en Spaanse peper. Dek het vlees af en laat het even rusten, zodat het op kamertemperatuur kan komen en de smaken er goed in kunnen trekken.

Steek ongeveer een uur voordat je wilt gaan koken de barbecue aan en laat hem op de juiste temperatuur komen (zie pagina 191). Ik raad je aan om een houtskool- in plaats van een gas-barbecue te gebruiken, zodat het vlees een heerlijke houtskoolsmaak krijgt. Je kunt het vlees vanzelfsprekend ook in de oven braden, maar ik geef toch de voorkeur aan de barbecue. (Als je het helemaal in de oven wilt braden, moet het er 1 uur en 20 minuten in.) Bestrooi het vlees in beide gevallen royaal met peper en zout en leg het met de vetlaag naar beneden op het rooster. Hierdoor zal de barbecue een beetje opvlammen, zodat je het vlees waarschijnlijk alweer snel om moet draaien, maar het rooster wordt er wel door ingevet en bovendien begint het er lekker van te roken. Rooster het vlees 10 tot 15 minuten, afhankelijk van hoe heet je barbecue is. Vergeet ook niet om het vlees steeds te blijven draaien, zodat er rondom van die mooie zwarte streepjes op komen.

Leg het vlees nu in dezelfde braadslede waarin je het eerder hebt laten marineren en zet het in een op 200 °C/gasovenstand 6 voorverwarmde oven. Doe na een half uur de azijn en de rozemarijn erbij, schuif het vlees voorzichtig heen en weer en bedruip het met het braadvocht en zet het nog 20 minuten terug in de oven. Haal het vlees uit de oven, laat het 10 minuten rusten en snijd het in plakken. De heerlijke sappen uit de braadslee kun je warm houden en vlak voor het serveren over het vlees gieten. Als je wel eens in Italië geweest bent, weet je dat je daar simpelweg een paar plakken vlees met een eenvoudig bijgerecht krijgt. Hoe dan ook, het vlees smaakt uiteindelijk verrukkelijk, dus serveer het op de manier die het best in jouw plannen past.

Caribbean Cookers

HAWAII
HAWAII
U.S.N

het uitbenen van een varken in toscane
om het in z'n geheel in de houtoven
achter me te braden

spiedini di salsiccia e manzo

voor 4 personen

kebabs van worst en rundvlees

Dit is een ongelofelijk eenvoudige, gedurfde, authentiek Italiaanse kebab. Je kunt in plaats van rundvlees ook varkensvlees gebruiken en in plaats van pancetta gerookte doorregen bacon, maar als je de fantastische Italiaanse worstjes vervangt door goedkope andere worstjes kun je dit net zo goed niet maken. Italiaanse worstjes zijn dik, van grof gemalen vlees, en er zit ook geconserveerd vlees in; als je ze echt niet kunt krijgen, is het ook redelijk acceptabel om Cumberlandworstjes van goede kwaliteit te gebruiken. Maak je niet druk als de worstjes aan de uiteinden openbarsten als je erin knijpt en ze draait. Als je geen dikke plakken bacon kunt krijgen, kun je ook gewoon dunne plakjes oprollen. Als spiesjes kun je houten stokjes (wel eerst in het water leggen) of metalen pennen gebruiken, maar je kunt ook rozemarijntakjes nemen.

Je kunt deze kebabs barbecuen, maar de gemakkelijkste manier is om ze gewoon in de oven te roosteren. Ze zijn heerlijk met een groot bord polenta, en als je niet bekend bent met polenta is dit een uitgelezen moment om eens te proberen het te maken (zie pagina 269).

12 vierkante blokjes van 2,5 cm runder- of varkensfilet
4 grote Italiaanse worstjes van goede kwaliteit
4 dikke plakken pancetta of doorregen bacon
18 verse salieblaadjes
2 tenen knoflook, gepeld
1 citroen, gehalveerd, de schil geraspt
extra vierge olijfolie
zeezout en zwarte peper uit de molen
4 lange, stevige verse rozemarijntakjes (of gewone satéprikkers)

Leg om te beginnen de stukjes vlees in een kom om ze te laten marineren. Maak van elk worstje drie kleinere, ronde worstjes door er voorzichtig in te knijpen en het vel een paar slagen te draaien. Knip of snijd ze los en leg ze bij het vlees in de kom. Snijd de pancetta of doorregen bacon in vierkante stukjes van 2,5 cm (4 tot 5 stukjes uit elke plak) en doe die bij het vlees en de worstjes in de kom. Leg 12 salieblaadjes bij het vlees en stamp de rest samen met de tenen knoflook en citroenschil tot pulp in een vijzel, of met een deegstok in een metalen kom. Giet er ongeveer 4 eetlepels extra vierge olijfolie en het sap van een halve citroen bij. Roer het mengsel en giet het over het vlees in de kom. Je kunt het vlees het best 1 tot 3 uur in de koelkast laten marineren, maar je kunt het in geval van tijdgebrek ook meteen klaarmaken.

Verwarm de oven op de hoogste stand voor. Nu is het tijd om de spiesjes te maken. Als je rozemarijntakjes gebruikt, moet je om te beginnen de naaldjes eraf halen, op de paar bovenste na. Ik bewaar die naaldjes altijd voor een andere keer. Schraap met een mes langs de takjes om de bast eraf te halen en scherp de punt van het takje, zodat je de stukjes vlees er gemakkelijk op kunt prikken. Als je speciale houten prikkers of metalen spiesjes gebruikt gaat dat natuurlijk een stuk gemakkelijker, maar de smaak wordt wat minder lekker. Nu hoef je er alleen nog de stukjes vlees en worst op te rijgen. Eerst een stukje pancetta, dan een dubbel gevouwen salieblaadje, een stukje worst en ten slotte een blokje vlees. Doe dit driemaal op elke prikker en eindig met een stukje pancetta. Leg de kebabs in een met olie ingevette braadslee of pan en zet ze in de oven. Verlaag de temperatuur onmiddellijk naar 200 °C/gasovenstand 6. Op deze manier beginnen de kebabs meteen te bakken, maar blijft het vlees doordat de temperatuur lager wordt lekker mals en sappig. Laat ze ongeveer twintig minuten in de oven staan, of tot de worstjes goudbruin zijn. Knijp het resterende citroensap erover uit en zet de kebabs op tafel.

salsicce con lenticchie verdi e salsa di pomodoro

voor 4 personen

worstjes en groene linzen met tomatensalsa

Het equivalent van puree met worst is in Italië zonder twijfel een lekkere geroosterde worst met een flinke berg lenticchie di Castelluccio en een pittige salsa rossa tomatensaus – een geniaal combo.

8 middelgrote, Italiaanse worstjes of lekkere dikke Cumberlands van goede kwaliteit
2 tot 3 takjes verse tijm
500 g paarse broccoli of cima di rapa
het sap van een halve citroen
extra vierge olijfolie
zeezout en zwarte peper uit de molen

voor de salsa rossa
olijfolie
1 kleine rode ui, gepeld, fijngehakt
3 tenen knoflook, gepeld en in dunne plakjes gesneden
1 klein kaneelstokje
1 of 2 kleine gedroogde rode Spaanse pepers, verkruimeld
2 tot 3 eetlepels rodewijnazijn, plus wat extra als dressing
2 blikken van 400 g gepelde tomaten in stukjes, van goede kwaliteit

voor de linzen
400 g lenticchie di Castelluccio of linzen uit Le Puy
2 tenen knoflook, gepeld
1 laurierblad
een handvol verse bladpeterselie, blaadjes gehakt, steeltjes apart gehouden
rodewijnazijn of sherryazijn
een klein handje verse tijmtopjes

We beginnen bij het begin en dat is de salsa. Giet wat olijfolie in een pan, doe de uitjes en plakjes knoflook erbij, dan het kaneelstokje en een flinke snuf verkruimelde Spaanse peper, en bak dit mengsel 10 minuten op een heel laag pitje, tot de uitjes zacht en zoet zijn. Zet het vuur hoger en giet de rodewijnazijn in de pan – dat zal flink stoom geven en misschien moet je ervan hoesten, maar dat is een normale reactie! Zet het vuur weer laag en doe de gehakte stukjes tomaat erbij. Laat de saus nu een half uur zachtjes pruttelen terwijl je verdergaat met de linzen.

Zet een pan water voor de broccoli op het vuur en verwarm de oven voor op 200 °C/gas-ovenstand 6. Doe de linzen in een pan met zoveel water dat ze onder staan, doe er 2 hele tenen knoflook bij, het laurierblad en de in een bundeltje samengebonden peterselietakjes. Laat de linzen ongeveer 20 minuten pruttelen, en let erop dat er steeds voldoende water in de pan zit. Hussel de worstjes in een beetje olijfolie en zet ze 25 minuten in een braadslee in de voorverwarmde oven tot ze goudbruin en krokant zijn. Dompel zodra de worstjes klaar zijn de broccoli een paar minuten onder in kokend water. Laat de roosjes daarna uitlekken in een vergiet, doe ze in een kom en hussel ze met een beetje citroensap en een scheutje extra vierge olijfolie.

Vis als de linzen gaar zijn de peterselietakjes en het laurierblaadje ertussenuit en giet het grootste deel van het water uit de pan. Prak de tenen knoflook fijn met een vork, meng ze door de linzen. Maak de linzen aan met 4 eetlepels goede extra vierge olijfolie en 1 of 2 eetlepels lekkere azijn. Gooi de gehakte peterselieblaadjes erbij, meng alles goed en voeg zout naar smaak toe.

Haal de worstjes uit de braadslede en giet het vet weg. Schep de linzen in vier kommetjes. Vis het kaneelstokje uit de salsa rossa en gooi het weg. Voeg naar smaak zout toe en schep de saus over de linzen. Leg er 2 hele of in plakjes gesneden worstjes bovenop. Strooi er tijm over en geef er een grote schaal dampende broccoli bij.

pollo alla cacciatora

voor 4 personen

jagersstoof van kip

Kip cacciatora is in Engeland redelijk bekend omdat het een klassiek voorverpakt gerecht is, dat vaak in de Italiaanse schappen van de supermarkt te vinden is. Dat smaakt over het algemeen nergens naar, maar als je het met de nodige liefde en passie zelf thuis klaarmaakt wordt het een totaal andere ervaring. Het is een eenvoudige combinatie van smaken die het erg goed doet. Cacciatore betekent 'jager', dus dit is een gerecht dat een jagersvrouw voor haar kerel klaarmaakt als hij terugkeert van een lange, zware ochtend buiten. Het is ook een perfect gerecht voor grote partijen, omdat je er, als het eenmaal in de oven staat, geen omkijken meer naar hebt. Op de foto zie je een schotel die ik voor 12 mensen heb gemaakt.

1 kip van 2 kg, in stukken, of het equivalent aan stukken kip
zeezout en zwarte peper uit de molen
8 laurierblaadjes
2 takjes verse rozemarijn
3 tenen knoflook, gepeld (1 geplet, 2 in plakjes gesneden)
½ fles Chianti
bloem
extra vierge olijfolie
6 ansjovisfilets
een handvol groene en zwarte olijven zonder pit
2 blikken van 400 g gepelde tomaten, van goede kwaliteit

Wrijf de stukken kip in met zout en zwarte peper uit de molen en leg ze in een kom. Doe de laurierblaadjes, de takjes rozemarijn en de geplette teen knoflook erbij en giet de wijn erover. Laat de kip minstens een uur, maar liefst een hele nacht in de koelkast marineren.

Verwarm de oven voor op 180 °C/gasovenstand 4. Laat de stukken kip uitlekken – bewaar de marinade – en dep ze droog met keukenpapier. Bestuif de kip met bloem en schud de overtollige bloem eraf. Zet een ovenvaste pan op het vuur, giet er als de pan goed heet is een scheut olijfolie in, bak de stukken kip rondom bruin aan en zet ze even opzij.

Zet de pan weer op het vuur en doe de plakjes knoflook erin. Bak de knoflook licht goudbruin en doe de ansjovis, olijven, tomaten (kapot gestoken met een houten lepel) en de stukken kip inclusief marinade erbij. Laat de zaak aan de kook komen, leg het deksel op de pan of dek de pan af met een dubbele laag folie en zet hem 1½ uur in de oven.

Schep het vet dat bovendrijft af, roer en proef en doe er zo nodig een beetje zout en peper bij. Haal de laurierblaadjes en takjes rozemarijn uit de pan en serveer de kip met een salade of wat cannellini-bonen en flink wat Chianti.

arrosto misto

voor 8 tot 10 personen

groot gebraad

Het concept van een arrosto misto is heel eenvoudig en spannend. In tegenstelling tot het braden van of kip of vlees of wild, is het juist de clou dat je allerlei soorten en maten vlees en wild bij elkaar in een braadslede legt en braadt, een zooitje ongeregeld dus eigenlijk! Een heleboel verschillende soorten vlees in een schaal heeft iets heel aparts; je vrienden zullen denken dat je heel wat gepresteerd hebt in de keuken! Je kunt het als je wilt ook met één soort vlees maken (ik heb het recept zodanig opgeschreven dat het ook in dat geval gemakkelijk te volgen is), maar voor speciale gelegenheden raad ik je echt aan de volle mep te proberen. Iedere vleessoort kan met enigszins andere kruiden en specerijen op smaak gebracht worden. Vanzelfsprekend hebben de verschillende soorten vlees ook verschillende gaartijden, dus moet je ze ook op verschillende momenten in de oven zetten, maar het uiteindelijke gerecht zal dan ook perfect zijn. In Italië is men, als het op het braden aankomt, niet geïnteresseerd in rosé eend of wild dat nog rood vanbinnen is; ze laten al het vlees langzaam door en door gaar worden – heerlijk.

Dit gerecht zal gegarandeerd de show stelen. Een grote bout heeft altijd iets feestelijks, en een aantal verschillende soorten al helemaal. En het is ook heel leuk dat iedereen kan pakken wat hij of zij lekker vindt... en daarna nog meer kan nemen! Van de restjes kun je een heerlijke lasagne maken (zie pagina 124).

voor het konijn

14 dunne plakjes pancetta
1 middelgroot konijn, gevild
olijfolie
zeezout en zwarte peper uit de molen
4 takjes verse rozemarijn

voor de vulling van het konijn

2 Italiaanse of Cumberlandworstjes
een handvol broodkruim
de geraspte schil van een halve sinaasappel
een snufje nootmuskaat
1 gedroogde rode Spaanse peper, verkruimeld
een klein bosje verse salie, alleen de blaadjes, fijngehakt

Verwarm de oven voor op 190 °C/gasovenstand 5. Leg de plakjes pancetta naast elkaar op een met olie ingevet stuk bakpapier, zodanig dat ze elkaar iets overlappen, en leg ze in de koelkast.

Wrijf het konijn in met olie en bestrooi het met peper en zout. Maak eerst de vulling. Snijd het vel van de worstjes open en haal het vlees eruit. Doe het worstvlees samen met de broodkruimels, sinaasappelschil, nootmuskaat, gedroogde Spaanse peper en salie in een kom. Strooi er wat peper bij, meng alles goed en prop de buikholte van het konijn vol met dit mengsel.

Haal de pancetta uit de koelkast en vouw het bakpapier met de pancetta aan de binnenkant om de buik van het konijn. Trek nu voorzichtig het papier los zodat alleen de pancetta om het konijn achterblijft. Leg de takjes rozemarijn op de pancetta en bind een paar touwtjes om het konijn om de vulling op zijn plaats te houden. Leg het konijn in de braadslede en braad het een uur in de voorverwarmde oven. Leg halverwege een paar halve sinaasappels, stukjes pancetta of takjes kruiden bij het konijn, bedruip het vlees en zet de braadslee weer in de oven.

(vervolg op pagina 227)

voor de eend

1 eend van 2 kg
olijfolie
zeezout en zwarte peper uit de molen
een takje verse salie
een kaneelstokje
3 of 4 tenen knoflook, ongepeld en heel gelaten
een halve sinaasappel

Verwarm de oven voor op 190 °C/gasovenstand 5. Wrijf de eend in met olijfolie, bestrooi hem met peper en zout en stop de salie, het kaneelstokje, de tenen knoflook en de halve sinaasappel in de buikholte. Leg de eend in een braadslee en zet hem 2 uur in de voorverwarmde oven. Doe er halverwege de braadtijd nog wat extra tenen knoflook, halve sinaasappels of takjes kruiden bij, bedruip het vlees en zet het weer terug in de oven.

voor de kip

1 scharrelkip van 1,8 kg
olijfolie
zeezout en zwarte peper uit de molen
6 laurierblaadjes
3 tenen knoflook, ongepeld en heel gelaten
1 citroen, gehalveerd

Verwarm de oven voor op 190 °C/gasovenstand 5. Wrijf de kip in met olie, bestrooi hem met peper en zout en stop de laurierblaadjes, knoflook en halve citroenen in de buikholte. Leg hem in een braadslee en zet hem 1½ uur in de voorverwarmde oven. Doe er halverwege de braadtijd nog wat extra tenen knoflook, halve citroenen of kruiden bij, bedruip het vlees en zet het weer terug in de oven.

voor de duiven en de kwartels

2 duiven van 310 g elk
4 kwartels van 180 g elk
olijfolie
zeezout en zwarte peper uit de molen
een bosje tijm
een bol knoflook, de tenen losgemaakt, ongepeld
6 reepjes sinaasappelschil
8 reepjes citroenschil
8 verse blaadjes salie
4 vierkante stukjes pancetta of doorregen bacon van 2,5 cm

Verwarm de oven voor op 190 °C/gasovenstand 5. Wrijf de duiven en kwartels in met olijfolie, bestrooi ze met peper en zout en vul ze met een paar takjes tijm, de tenen knoflook en de reepjes sinaasappelschil. Leg de reepjes citroenschil op de kwartelborstjes. Dek elk stukje citroenschil af met een blaadje salie, en de blaadjes salie weer met een stukje pancetta. Bind de stapeltjes met een touwtje vast op de kwartels. Leg ze in een braadslee en bak ze 35 minuten in de voorverwarmde oven. Doe er halverwege de braadtijd wat extra tenen knoflook, halve sinaasappels en citroenen, stukjes pancetta of takjes kruiden bij, bedruip het vlees en zet het terug in de oven.

Voor het serveren

Serveer het door jou gekozen vlees of de complete arrosto misto op een grote schaal, inclusief alle kookvocht en tenen knoflook uit de braadslee. Groenten uit de oven passen hier perfect bij. Geef iedereen een steakmes, een servet, een vingerkommetje en voldoende Chianti!

mijn ideeën over konijn

Als je aan Engelse mensen vraagt of ze wel eens konijn gegeten hebben, zullen de meeste van hen huiveren terwijl ze het nooit geprobeerd hebben. Vreemd genoeg is het wel als eerste uitverkocht als ik het in het restaurant op de kaart zet. Als het in de supermarkt verkrijgbaar is, laten de meeste mensen het links liggen. Mijn oma heeft haar hele leven konijn gegeten, vooral net na de oorlog, toen het goedkoop en in grote hoeveelheden verkrijgbaar was. Mijn moeder is ermee opgegroeid. Zij herinnert zich nog goed hoe de slagerijen vol hingen met de gevilde beestjes – iets wat je tegenwoordig helaas nauwelijks meer ziet. Ik hoop dat ik je kan inspireren dit overheerlijke, gezonde vlees, dat een beetje naar kip smaakt, klaar te maken.

Je kunt gefokte scharrelkonijnen kopen die heerlijk mals en sappig zijn, of voor wilde gaan, die veel meer smaak hebben. Ik raad je aan om als het even kan wilde te nemen. Als je konijn koopt, krijg je bijna altijd een heel beest. Vraag je slager dan ook of hij de poten en schouders voor je lossnijdt, de buik verwijdert en het zadel in 4 stukken hakt. Je krijgt er ook altijd de lever en de niertjes bij, die zijn ook erg lekker. Je slager zal het konijn met alle liefde voor je in stukken verdelen. Als je het zelf wilt proberen, moet je weten dat dat niet al te precies hoeft – in Italië hakken ze een konijn gewoon in willekeurige stukken en dat gaat prima.

coniglio marinato alla griglia

voor 2 personen

geroosterd gemarineerd konijn

Ik heb dit recept geschreven voor op de barbecue, omdat de smaak dan echt super is, maar je kunt het vlees ook in een op 200 °C/gasovenstand 6 voorverwarmde oven braden. Als je het in de oven doet moet je de stukken konijn wel een paar keer omdraaien om ze gelijkmatig kleur te laten krijgen en gaar te laten worden. Als je het op de barbecue doet heb je 5 houten of metalen prikkers nodig (leg houten prikkers voor gebruik in water in de week). Zie de foto hiernaast voor globale braadtijden op de barbecue of in de oven.

1 konijn van 1,2 kg, liefst wild, in stukken
een handvol verse tijm en rozemarijn, alleen de blaadjes en naaldjes
4 tenen knoflook, gepeld
olijfolie
de geraspte schil en het sap van 1 citroen
1 theelepel honing
4 dikke plakken pancetta
zout en zwarte peper uit de molen

Leg de stukken konijn in een kom. Maal of stamp eerst de rozemarijn en tijm tot pulp, doe de tenen knoflook erbij en maal of stamp die mee. Schep er 8 eetlepels olijfolie bij, roer het sap en de geraspte schil van de citroen en de honing erdoor en giet het mengsel over de stukken konijn. Zet het vlees zolang opzij en laat het op kamertemperatuur komen terwijl je de barbecue aansteekt (zie pagina 191).

Nu over de smaak. Neem een paar takjes verse tijm en bind die bij elkaar tot een soort kwastje. Gebruik dat om de stukken vlees elke keer dat je ze omdraait met een beetje marinade in te smeren, zodat je een heerlijk krokant laagje krijgt. Dit konijn wordt echt verrukkelijk!

Houd de marinade apart, haal de stukken vlees uit de kom en wrijf ze in met peper en zout. Prik met 3 spiesjes een stukje pancetta vast tussen de twee stukken buik (zie de foto). Leg de poten en de schouders op de barbecue. Leg na 10 minuten de buik erbij. Na nog eens 10 minuten mogen de stukken zadel en de ribben erbij. Keer de stukken vlees regelmatig om. Houd de temperatuur goed in de gaten en bedruip het vlees regelmatig met de marinade. Snijd de niertjes voor driekwart in en leg ze opengeklapt neer. Snijd de lever in 4 stukjes en prik een stukje op elk van de overgebleven spiesjes, gevolgd door een niertje en nog een stukje lever.

Als alle stukken vlees goed gaar zijn, kun je de prikkers met lever en niertjes en de plakjes pancetta op de barbecue leggen. Als de plakjes pancetta na een paar minuten bruin zijn, leg ze dan op het vlees aan de koele kant van de barbecue. Nu is het tijd om aan tafel te gaan.

Je kunt het konijn serveren met witte bonen, gebakken aardappelen, geroosterde groenten of verschillende salades – dat hangt helemaal af van waar je zin in hebt en wat voor weer het is. Zet het garnituur van je keuze gewoon in een grote schaal op tafel en serveer het vlees op een grote snijplank. Heerlijk met een glas witte wijn. Eenvoudig, eerlijk en verdomd lekker.

buik:
25 tot 30 minuten
niertjes en lever:
4 minuten
zadel en ribben:
15 tot 20 minuten
poten en schouders:
35 tot 40 minuten

costolette di maiale con salvia

voor 4 personen

varkenskarbonades met salie

Varkenskarbonades zie je veel in Italië. Ze kunnen op zeer veel manieren bereid worden, maar dit recept is een van mijn favorieten. Toen ik het voor het eerst gemaakt zag worden in een trattoria in Florence, op mijn allereerste reis naar Italië, stak de jongedame die ermee bezig was een klein mesje in de zijkant van de stukken vlees en bewoog dat heen en weer om een soort zakje in het vlees te maken. Ze deed dat heel handig, zonder dat het 'smaakzakje' zichtbaar was. Dit zakje kun je aan de binnenkant insmeren met wat varkensvet of boter en er dan bijvoorbeeld een stukje prosciuttovet of fijngestampte kastanjes of walnoten (afhankelijk van het seizoen) in stoppen. Een beetje verse salie moet er altijd bij, en eventueel een beetje knoflook. Ik doe er ook altijd een piepklein beetje citroenschil in, omdat de smaak daarvan zo goed past bij varkensvlees. Probeer dit zaktrucje maar eens.

1 kg bloemige aardappels, geschild en in blokjes gesneden
zeezout en zwarte peper uit de molen
4 dikke varkenskarbonades, met bot
24 blaadjes verse salie
1 bol knoflook
4 plakken prosciutto
55 g boter, in kleine blokjes
4 gedroogde abrikozen, fijngehakt
extra vierge olijfolie
6 dikke repen pancetta of gerookte bacon (als het kan van 1 cm dik), of een pakje van 200 g pancetta-lardons

Verwarm de oven voor op 220 °C/gasovenstand 7. Doe de aardappelen in een pan water met zout en breng ze aan de kook. Geef ze 3 tot 4 minuten – je moet ze alleen even voorkoken – giet ze af en laat ze droogdampen. Leg de karbonades op een plank, steek een klein schilmesje horizontaal in de zijkant en maak een geheim zakje. Zorg ervoor dat je de punt van het mes goed in het midden van de karbonade houdt, want je mag absoluut niet door het vlees heen prikken. Wees voorzichtig en pas op je vingers!

Leg de 8 grootste blaadjes salie opzij. Hak 8 andere blaadjes salie samen met een gepelde en gehakte teen knoflook, de prosciutto, boter, abrikozen en een snufje peper en zout in de keukenmachine fijn. Je hebt nu een heerlijk geparfumeerde boter om de zakjes in de karbonades mee te vullen.

Maak de 8 grootste blaadjes salie aan met een beetje olijfolie en druk ze met één kant in de bloem. Druk op beide kanten van de karbonades een blaadje, met de bebloemde zijde naar beneden (zodat er op elke karbonade dus 2 blaadjes zitten). Leg het vlees op een bord, dek het af met folie en laat het op kamertemperatuur komen terwijl je de aardappelen afmaakt.

Als je dikke repen pancetta gebruikt, moet je die eerst in dikke staafjes snijden, ongeveer zo dik als een balpen. Doe die samen met de aardappelen, de rest van de salieblaadjes en de hele, ongepelde tenen knoflook in een braadslee. Sprenkel er een beetje extra vierge olijfolie over en zet de braadslee in de voorverwarmde oven. Zet na 10 minuten een koekenpan op het vuur en laat die goed heet worden. Giet er een scheutje olijfolie in en leg de karbonades in de pan. Bak ze 10 minuten, tot ze aan beide kanten goudbruin en krokant zijn. Haal de aardappelen – die ondertussen mooi lichtbruin zijn – uit de oven en leg de karbonades erop. Zet de braadslee nog 10 tot 15 minuten in de oven, afhankelijk van de dikte van de karbonades, en dien hem vervolgens direct op.

stracotto di fagiano

voor 4 tot 6 personen

gestoofde fazant

Ik heb deze eenvoudige stoofschotel gemaakt van de fazanten die ik ooit met een aantal jachtopzieners in Toscane buitgemaakt had. Het is een vrij fundamentele stoofpot, met toevoeging van geroosterde kastanjes om de saus een heerlijke smaak en de nodige dikte te geven. Als je op straat langs een stalletje komt waar geroosterde kastanjes verkocht worden, zoals je die in Londen en New York ziet, moet je zeker een zak meenemen. Het alternatief is een pak vacuümverpakte kastanjes, maar die smaken nooit zo lekker als de vers geroosterde van de straat. Je kunt dit gerecht als stoofschotel eten, of je kunt het vlees van het bot halen en het serveren met pasta (pappardelle bijvoorbeeld). Als je het iets fijner hakt, past het ook heel goed bij rigatoni of pici (zie pagina 105).

3 fazantenhennen, verdeeld in poten en borststukken
zeezout en zwarte peper uit de molen
6 jeneverbessen, geplet
3 eetlepels bloem
olijfolie
1 kleine rode ui, gepeld, gehakt
1 wortel, geschild, gehakt
3 stengels bleekselderij, gehakt
4 tenen knoflook, gepeld, gehakt
4 dl rode wijn
3 laurierblaadjes
een takje verse rozemarijn
200 g geroosterde en gepelde kastanjes
2 eetlepels mascarpone

Verwarm de oven voor op 200 °C/gasovenstand 6. Wrijf de stukken fazant in met peper en zout en de gestampte jeneverbessen, en bestuif ze met bloem. Zet een pan die zo groot is dat alle ingrediënten erin kunnen op het vuur en giet er een scheutje olijfolie in. Bak de stukken fazant rondom goudbruin en leg ze op een bord.

Zet het vuur wat lager en doe de gehakte uitjes, wortel, selderij en knoflook in dezelfde pan. Laat de groenten zachtjes bakken tot ze zacht en een beetje bruin zijn. Doe de wijn, laurierblaadjes en rozemarijn erbij en leg de stukken fazant terug in de pan. Doe er ook de kastanjes bij. Laat de zaak aan de kook komen, sluit de pan af met een goed sluitend deksel of met een dubbele laag folie en zet hem 2 uur in de voorverwarmde oven.

Haal de stukken fazant met een tang uit de pan en houd ze warm. Schep het vet van het stoofvocht af, vis het rozemarijntakje en de laurierblaadjes uit de pan, doe de mascarpone erin en laat de saus pruttelen tot hij iets is ingekookt. Leg het vlees terug in de pan, warm het nog even goed door en serveer het met polenta (zie blz. 269).

schiacciata di manzo con aglio, rosmarino e funghi

voorgerecht voor 4 pers.
hoofdgerecht voor 2 pers.

geschroeide rosbief met knoflook, rozemarijn en paddestoelen

Schiacciata is het zustergerecht van carpaccio, maar terwijl carpaccio rauw is, is dit gerecht letterlijk geschroeid in de oven zodat het net van kleur verschoten is. Vanzelfsprekend geldt ook hier dat het gerecht lekkerder is naarmate de kwaliteit van het vlees beter is. Kies dus voor een mooi gemarmerd en integer stuk vlees. Het kan als voorgerecht of als tussendoortje geserveerd worden, met wat verschillende blaadjes sla erop. De truffelolie is optioneel, maar de smaak is bijzonder – probeer eens iets nieuws, zou ik zeggen. Dit hele gerecht is indrukwekkend en vreselijk lekker.

500 g goed rundvlees, zeentjes verwijderd, in plakken van 1 cm dik gesneden
extra vierge olijfolie
desgewenst: een paar drupjes truffelolie
2 takjes verse rozemarijn, alleen de naaldjes
1 teen knoflook, gepeld, in dunne plakjes gesneden
3 handenvol rucola
een flinke handvol gemengde slablaadjes, waaronder radicchio di Treviso of radicchio
een handvol stevige paddestoelen, bijvoorbeeld cantharellen of kastanjechampignons
balsamicoazijn
zeezout en zwarte peper uit de molen
een stuk Parmezaanse kaas

Zet de oven aan op de hoogste stand. Voor dit gerecht gaan we het vlees bakken op het bord waarop het ook geserveerd wordt. Gebruik dus bij voorkeur ouderwetse metalen borden of kleine platen. Maar het kan ook op een gewoon bord, als je er zeker van bent dat het vuurvast is. Wrijf ze in met olijfolie of truffelolie. Nu ben je klaar om met het vlees te beginnen. Neem één stuk vlees tegelijk, leg het op een stuk vuilniszak van 30 cm lang en leg er nog zo'n stuk bovenop. Plet het vlees gelijkmatig met een deegrol tot het ongeveer 4 keer zo breed is als toen je ermee begon, en nog maar ongeveer een kwart van de oorspronkelijke dikte heeft.

Leg het vlees over de volle breedte op je plaat of bord, het mag eventueel ook een klein beetje over de rand hangen. Doe de rozemarijnblaadjes in een zeef en laat er heet water over stromen om de oliën en smaak los te laten komen. Doe ze in een klein kommetje, schep er 3 of 4 eetlepels extra vierge olijfolie over en masseer de blaadjes met je vingers om de smaak verder los te maken. Roer de knoflook door de rozemarijnolie en wrijf het vlees ermee in. Je kunt het vlees tot op dit punt al een paar uur van tevoren voorbereiden en afgedekt met plasticfolie in de koelkast bewaren.

Nu hoef je alleen nog een beetje salade te fabrieken. Snipper de rucola en radicchio in een grote kom. Snijd de paddestoelen in zo dun mogelijke plakjes en doe die bij de sla.

Je kunt dit gerecht het best op het allerlaatste moment samenstellen. Alles wat je hoeft te doen is het vlees 1 tot 3 minuten in de oven te zetten (afhankelijk van je oven). Tegen de tijd dat je de salade aangemaakt hebt met een beetje extra vierge olijfolie, balsamicoazijn en peper en zout, en je een stuk Parmezaanse kaas en een schaaf op tafel gelegd hebt, mag het vlees alweer uit de oven – het zal nu wat bleker van kleur zijn. Het idee is dat je het vlees niet gaart, maar alleen opwarmt. Strooi de salade er direct op. Schaaf er wat Parmezaanse kaas over en schenk er een mooi glas wijn bij. Lekker, lekker en zeer aantrekkelijk.

spiedini di involtini di agnello e funghi

voor 4 personen

kebabs van lamsvlees en paddestoelen

In Italië bestaan vele versies van gevulde rolletjes van vlees, vis en groenten op metalen spiesjes of rozemarijntakjes. Het is natuurlijk lekker en kleurrijk – roosteren op de barbecue heeft altijd iets spannends – maar oorspronkelijk werd dit soort eten beschouwd als armeluisvoer. De armen prikten verschillende combinaties groenten en kruiden op spiesjes, zodat het leek op de spiesen van wild en gevogelte van de rijken. In de volkskeuken probeerden ze met weinig vlees veel te doen door er stukjes groente tussen te stoppen, dat was een stuk goedkoper.

Het idee van dit recept is dat je een plak vlees neemt (van een lamsbout of -kotelet, of een stuk kip of varken) en het tussen twee stukken plasticfolie met iets zwaars platslaat. Hierdoor wordt het stuk vlees groter en dunner, en bovendien wordt het er ook malser van. Je kunt het jezelf natuurlijk ook heel gemakkelijk maken en je slager vragen of hij het vlees voor je voorbereidt. Zeg hem dan dat je opgerolde lamsspiesjes gaat maken en dat je ongeveer 700 g vlees nodig hebt in 12 platgeslagen plakken van ongeveer een halve centimeter dik. (Met een telefoontje bespaar je jezelf een kwartier werk in de keuken.) Je hoeft het vlees dan alleen nog maar op te rollen, te vullen en het op de spiesjes te prikken. Ik prik het mijne op lauriertakjes.

De combinatie die ik je hier geef is heel aards en vol aroma's uit de bergen, zoals paddestoelen en oregano of marjolein – echt heel simpel en lekker. Als je aan vers eekhoorntjesbrood kunt komen zou dat echt fantastisch zijn – zo niet, dan zijn andere stevige paddestoelen ook prima.

olijfolie
700 g lamsvlees, in 12 dunne stukken
een flinke handvol verse oregano of marjolein, alleen de blaadjes
1 teen knoflook, gepeld
8 ansjovisfilets
de geraspte schil en het sap van 1 citroen
zout en zwarte peper uit de molen
4 rozemarijn- of lauriertakjes, of 4 houten prikkers
8 middelgrote porcini (eekhoorntjesbrood) of kastanjechampignons, gehalveerd of in kwarten

Wrijf een schoon werkvlak in met een beetje olijfolie en leg de stukken vlees op een rijtje naast elkaar. Stamp de oregano of marjolein fijn in een vijzel. Doe de knoflook en ansjovisfilets erbij en stamp alles tot een pasta. Roer het citroensap en twee keer zoveel olijfolie erdoor. Proef – het zal vrij citroenig zijn, maar de smaak wordt tijdens het bakken zachter. Meng er zout en peper door, kwast het vlees met de gekruide olie in en strooi er de citroenschil over.

Verwarm de oven voor op 200 °C/gasovenstand 6. Nu is het tijd om de involtini te maken. Rol elk stuk vlees op zodat de rolletjes ongeveer half zo groot zijn als een sigaar, maar dan iets dikker. Als je laurier- of rozemarijntakjes gebruikt, schraap dan de bast van de takjes en scherp de punt aan. Prik er om te beginnen een stukje paddestoel op, gevolgd door een stukje opgerold vlees en zo verder tot je 3 stukjes van elk per prikker hebt. Leg de spiesjes op een bakplaat en besprenkel ze met olijfolie. Bak ze 7 minuten in de voorverwarmde oven, of ongeveer 3½ minuut aan elke kant op de barbecue. Sprenkel er voor het serveren een beetje olijfolie over en geef ze als onderdeel van een mixed grill of met een lekkere salade, wat brood en een partje citroen erbij.

cosciotto d'agnello ripieno di olive, pane, pinoli e erbe aromatiche

voor 4 personen

lamsbout gevuld met olijven, brood, pijnboompitten en kruiden

Een lamsbout braden is voor mij nog altijd een zeer nostalgische bezigheid. Duizenden beelden flitsen door mijn hoofd als ik eraan denk hoe mijn vader op zondag het vlees sneed. Dit briljante lamsvleesgerecht wordt gevuld met verrukkelijke Italiaanse producten. Het is heel mooi als je alle ingrediënten van de lijst bij elkaar krijgt, maar als dat niet helemaal lukt is dat geen ramp.

Koop het lamsvlees bij voorkeur bij je eigen slager of een supermarkt met een gekwalificeerde slagersafdeling. Vraag om een bij voorkeur biologische lamsbout, alleen met pijp. Dat is slagersjargon. Het betekent dat de bovenste helft van het bot verwijderd is en alleen 'de pijp' er nog in zit, zodat je de bout kunt vullen. Als groente kun je bijvoorbeeld meiraap, aardpeer, knolselderij, venkel en pastinaak gebruiken.

1 hele knol verse knoflook, de tenen losgemaakt, ongepeld
3 flinke handenvol gemengde verse kruiden (munt, peterselie, oregano, tijm), alleen de blaadjes
6 plakken pancetta
3 ansjovisfilets
100 g boerenbrood, in stukjes van ongeveer 2,5 cm gebroken (gebruik geen voorgesneden brood)
een flinke handvol pijnboompitten
een handvol groene olijven, zonder pit
zeezout en zwarte peper uit de molen
1 lamsbout van 2 kg, geprepareerd zoals boven beschreven
een grote bos verse rozemarijn
olijfolie
2 kg goede bakpiepers, geschild en doormidden gesneden
een takje laurier
een fles rode wijn

Pel een paar tenen knoflook, doe ze in de keukenmachine en doe er terwijl de machine loopt de gemengde kruiden bij. Voeg dan de pancetta en ansjovis toe, laat de machine nog even draaien en doe dit mengsel over in een kom. Verkruimel het brood in de keukenmachine en voeg dit dan samen met de olijven en de pijnboompitten toe aan het mengsel in de kom. Breng het op smaak met peper en zout en wrijf alles met je handen door elkaar. Als het je iets te droog lijkt, doe er dan een drupje kokend water bij. Prop de vulling in de opening van de lamsbout. Je kunt de bout zó braden of je kunt hem eerst dichtbinden met een touwtje, waaronder je dan een paar takjes rozemarijn schuift. Kwast de bout in met olijfolie en bestrooi hem met peper en zout.

Hussel de aardappelen en de rest van de knoflook met de laurierblaadjes, rozemarijn en wat olijfolie en peper en zout door elkaar en doe het zaakje in een grote braadslee, met de lamsbout in het midden. In Italië is het heel ongebruikelijk om vlees rosé te braden, dus we braden dit vlees zoals zij het doen. Zet het ongeveer anderhalf uur in een op 200 °C/gasovenstand 6 voorverwarmde oven. Geloof me, het wordt echt heel sappig en lekker! Na een half uur beginnen de Italianen het vlees en de aardappelen elk kwartier met rode wijn te bedruipen, tot het vlees gaar is. Doe de aardappelen als ze gaar zijn over in een schaal, en houd ze warm.

Wanneer het vlees gaar is, moet je het 15 minuten laten rusten. Het is heerlijk met wat eenvoudig gekookte groenten erbij. De Italianen laten het heerlijke sap van het vlees liever in de aardappelen in de braadslee trekken dan dat ze er jus van maken.

GIRL

sugo di cinghiale di mercatello voor 6 tot 8 personen

gestoofd wild zwijn uit mercatello

Dit kleine meisje was echt heel opgewonden toen haar vader dit pas geschoten wilde zwijn slachtte. Ze wist dat het beest gevild en leeggehaald moest worden voordat het gebraden werd. Wat vooral indruk op me maakte was hoe normaal dit was voor de kinderen die daar aan het spelen waren. En het gebruik van dat kinderbadje…!

Ik weet dat wild zwijn een beetje lastig te krijgen is als je geen fantastische slager of boerenmarkt in de buurt hebt, maar ook hert, varken, rund of lam is op deze manier bereid absoluut verrukkelijk. Een schouderstuk is het best. Als je het vlees in blokjes van 2,5 cm snijdt kun je het ook als stoofgerecht op zichzelf serveren, met een stuk brood of een bord polenta (zie pagina 269) erbij, en als je het in blokjes van 1 cm snijdt kun je het met pappardelle mengen. Nog kleiner gesneden, of zelfs gemalen, is het heerlijk met tagliatelle.

1 kg schouder van wild zwijn of hert, vet en zeentjes verwijderd
2 grote wortelen, geschild
2 uien, gepeld
6 stengels bleekselderij
een handvol verse salie, alleen de blaadjes
1 theelepel jeneverbessen
zeezout en zwarte peper uit de molen
1 fles witte wijn
4 plakken dun gesneden pancetta of gerookte bacon
2 of 3 kleine gedroogde Spaanse pepers, naar smaak
olijfolie
1 pot passata van 700 g
desgewenst: een handvol van het stuk geraspte Parmezaanse kaas

Beslis hoe je je saus wilt serveren en snijd het vlees in de daarvoor geschikte blokjes (zie boven). Doe de stukjes in een kom. Pak de helft van de wortelen, uien en selderij en hak ze in grove stukken. Doe ze bij het vlees. Stamp de salie en de jeneverbessen door elkaar en hussel ze door het vlees en de groenten. Doe er peper en zout bij, giet de helft van de witte wijn erbij en zoveel water dat alles net onder staat. Laat het vlees een nacht marineren.

Bak de volgende dag de pancetta en de Spaanse pepers in een klein beetje olijfolie tot de pancetta mooi lichtbruin en knapperig is. Hak de rest van de wortelen, selderij en uitjes fijn, doe ze in de pan en bak ze 10 tot 15 minuten op een laag pitje mee, tot de groenten zacht zijn. Haal ondertussen het vlees uit de marinade en gooi het vocht en de groenten weg. Zet het vuur flink hoog en doe het vlees in de pan. Laat het opstaan tot bijna al het vocht verdampt is – dat duurt wel even, maar het draagt bij tot het intensiveren van de smaak. Giet nu de rest van de witte wijn erbij. Roer, laat het zaakje opnieuw aan de kook komen en doorkoken tot bijna alle vloeistof verdampt is. Roer er de passata en een beetje water door. Voeg royaal peper en zout toe, zet het vuur laag en laat het vlees 1½ tot 2½ uur stoven (afhankelijk van de grootte van de stukjes), tot het heerlijk mals is. Als de saus te dik wordt, moet je er wat extra water bij doen. Breng de saus op smaak.

Als je hem met pasta serveert, kook die dan volgens de aanwijzingen op de verpakking in water met zout gaar en vang bij het afgieten een beetje van het kookvocht op. Hussel de pasta door de saus en doe er zo nodig wat van het stuk geraspte Parmezaanse kaas bij en een beetje van het kookvocht om de pasta smeuïg te maken. Verdeel het gerecht op borden en strooi er nog wat extra Parmezaanse kaas over.

Provincia di Palermo
Dolcissima
La vera fragola di Marsala
EUR
GIORNALE DI SICILIA
AVVISO SACRO

contorni *bijgerechten*

bijgerechten

In Italië krijg je, door de manier waarop ze daar de maaltijd in stukken opdelen, als je eenmaal aan je secondo toe bent alleen een stuk vlees of vis met een beetje jus of olijfolie op je bord. Heel eenvoudig en heel lekker, maar zo mogelijk nog lekkerder als er een contorno oftewel een bijgerecht bij komt. Die bijgerechten kunnen ook op zichzelf worden gegeten, een beetje zoals antipasti – wat eenvoudig gekookte groenten, bonen of aardappelen bijvoorbeeld. Dit hoofdstuk is bedoeld om je wat inspiratie te geven voor dingen die je bij je vlees of vis kunt serveren. Meestal worden contorni in Italië in schaaltjes of op bordjes midden op tafel gezet, zodat je jezelf kunt opscheppen. Het belangrijkste als het op het koken van groente aankomt, is dat je het vooral eenvoudig moet houden.

Ongeveer driekwart van de Italiaanse groenten en vruchten komt uit de streek Apulië, in het zuidoosten (de hak) van het land. Dat gebied wordt beschouwd als de tuin van Italië – het is vlak of licht glooiend en heel gemakkelijk te bewerken. Toch zie je ook in heuvelachtiger gebieden van het land, waar het landschap een stuk ruiger is, vaak akkertjes op de hellingen, waar men op kleinere, lokale schaal groente verbouwt.

Bonen spelen in Italië een belangrijke rol. Iedereen is er gek op! Ze worden vers gedopt gekookt en zijn binnen de kortste keren klaar. Op pagina 256 geef ik een recept voor bonen op z'n Italiaans. Ik vertel daarin hoe je de verschillende soorten, verse en gedroogde, het best kan koken. Borlotti- en cannellinibonen worden gewoonlijk gedroogd bewaard om in de wintermaanden in soepen en bijgerechten te kunnen verwerken, en die moeten dan ook langer koken dan verse. Maar mits op de juiste wijze gedroogd en niet overjarig, kunnen ze absoluut verrukkelijk zijn.

Polenta is nog zo'n Italiaans basisgerecht. Het kan tot een slappe of stevige massa gekookt worden (zie pagina 269) en wordt vaak bij vlees en vis geserveerd, op dezelfde manier als wij in Engeland met aardappelen doen. Als je het nog nooit geprobeerd hebt, moet je het zeker eens doen.

1.00

vignole

voor 4 personen

stoofpot van lentegroenten

Vignole, of vignarola, is het Romeinse woord voor deze ongelofelijke stoofschotel die echt een eerbetoon aan de lente is. Probeer hem alsjeblieft – je zult hem daarna keer op keer willen maken! Als je geen kippenbouillon voorhanden hebt, kun je ook wat kookvocht van de bonen, prei en snijbiet gebruiken. Je kunt de gekookte prosciutto erin laten zitten of die er voor het serveren uit halen, wat je wilt. Dit gerecht is heerlijk om door pasta te husselen, en je moet het als het even kan ook eens met asperges proberen.

4 kleine of paarse artisjokken
zeezout en zwarte peper uit de molen
350 g gedopte verse jonge tuinboontjes
6 jonge preitjes, of 1 gewone prei, het buitenste blad verwijderd, in stukken van 8 cm gesneden, gewassen
200 g spinazie of snijbiet, uitgezocht en gewassen
extra vierge olijfolie
1 kleine witte ui, gepeld en fijngehakt
3 dl kippenbouillon
350 g gedopte verse erwten
4 dikke plakken prosciutto
een klein bosje verse munt, alleen de blaadjes
een klein bosje verse bladpeterselie, alleen de blaadjes

Doe de artisjokken in een pan koud, gezouten water en breng ze aan de kook. Kook ze ongeveer 10 minuten of tot ze zacht zijn (controleer dat door met een mes in het hart te prikken) en laat ze uitlekken. Laat ze afkoelen, pel de buitenste blaadjes eraf tot je bij de malse, bleke blaadjes komt en schep het hooi eruit met een theelepel. Breek het hart in vieren.

Vul de pan opnieuw met water, doe er wat zout in en laat het aan de kook komen. Blancheer de tuinbonen een minuut, schep ze met een schuimspaan uit het water en laat ze uitlekken. Blancheer de preitjes 3 tot 4 minuten, tot ze zacht zijn, en de spinazie of snijbiet tot de blaadjes net slap zijn.

Zet een pan op het vuur die zo groot is dat alle ingrediënten erin kunnen en giet er een flinke scheut olie in. Fruit de uitjes 10 minuten, tot ze zacht zijn, doe de kippenbouillon en de erwten erbij en breng het zaakje aan de kook. Leg de plakken prosciutto erop en laat het ongeveer 10 minuten zachtjes pruttelen, tot de erwten gaar en zacht zijn en de smaak van de prosciutto in zich opgenomen hebben.

Scheur de prei in reepjes en roer deze samen met de grof gehakte spinazie of snijbiet, artisjok en tuinbonen door de erwten. Breng het mengsel weer aan de kook en laat alle groenten samen nog eens 10 minuten heel zachtjes pruttelen.

Proef en voeg zout en peper naar smaak toe. Roer er vlak voor het serveren de gehakte kruiden door en maak het gerecht af met een flinke scheut olijfolie.

funghi al cartoccio al forno

voor 4 personen

gebakken paddestoelen in een zakje

Dit is een fantastisch en snel recept, en als je de zakjes openmaakt word je beloond met de meest geweldige geuren van paddestoelen en kruiden. Erg lekker. Zorg dat je een touwtje bij de hand hebt om de kruiden tot een bundeltje te binden.
P.S. Je kunt dit ook voor een gezinsetentje bereiden door in plaats van 4 kleine zakjes 1 grote zak te maken.

een paar takjes verse laurier, salie, rozemarijn en tijm
4 plakjes prosciutto
400 g stevige wilde paddestoelen, afgeborsteld, lelijke stukjes weggesneden
zeezout en zwarte peper uit de molen
extra vierge olijfolie
1 ei, liefst biologisch, losgeklopt
1,5 dl vermout of witte wijn

Verwarm de oven voor op 200 °C/gasovenstand 6, met een bakplaat in het midden.

Om de paddestoelen lekker op smaak te brengen doe er ik altijd een bundeltje kruiden bij. Maak dus eerst 4 kleine bosjes laurier, salie, rozemarijn en tijm en bind die met een touwtje bij elkaar. Voor de zakjes knip je 4 grote stukken bakpapier van ongeveer 40 × 40 cm. Leg aan één kant (net uit het midden) een plak prosciutto met een bundeltje kruiden en een hoopje paddestoelen erop. Strooi er peper en zout over en sprenkel er olijfolie over. Kwast de randen van het papier in met losgeklopt ei en vouw het papier over de paddestoelen heen, zodat je een soort envelop krijgt. Vouw de randjes twee of drie keer dubbel en druk ze stevig op elkaar, maar schep voordat je de laatste kant dichtvouwt een paar eetlepels vermout of witte wijn in het pakketje.

Controleer of de pakketjes goed dichtzitten, leg ze naast elkaar op de hete bakplaat en bak ze een minuut of vijftien, tot ze mooi bol staan.

Serveer de paddestoelen in de verpakking en laat iedereen zijn eigen geurige pakje openmaken. Het kruidenbundeltje moet je niet opeten, dat is alleen voor de smaak! Dit is erg lekker bij zowel vlees als vis, of op zich als tussendoortje of antipasto.

radicchio di treviso marinato alla griglia con aglio e aceto balsamico

voor 6 personen

gegrilde en gemarineerde radicchio di treviso met knoflook en balsamicoazijn

Dit is zo'n echt Italiaanse smaak die je absoluut eens moet proberen. Treviso is de Aston Martin van de radicchiofamilie. Het geeft prachtige resultaten en is vooral lekker als je het warm eet, zoals hier. Probeer het ook eens zelf te planten – zaadjes kun je online bestellen bij www.seedsofitaly.com.

2 kroppen radicchio di Treviso (of radicchio)
zeezout en zwarte peper uit de molen
2 tenen knoflook, gepeld en gehakt
balsamicoazijn van goede kwaliteit
extra vierge olijfolie
3 takjes verse rozemarijn, alleen de naaldjes, fijngehakt
een klein handje verse bladpeterselie, alleen de blaadjes

Trek de blaadjes van de radicchio los, was ze en zet ze even opzij. Doe een flinke snuf zout bij de gehakte knoflook en druk deze met de zijkant van je mes tot pulp. Doe de geplette knoflook in een kom en schep er een paar lepels balsamicoazijn bij. Giet er ongeveer twee keer zoveel olijfolie als azijn over en doe er peper en zout bij. Voeg de gehakte rozemarijn toe.

Zet een grillpan op het vuur en bak de radicchioblaadjes met een paar tegelijk een seconde of tien, tot ze slap worden en beginnen te blakeren. Hussel ze direct door de dressing. Snipper de peterselie erover en zet het gerecht meteen op tafel.

fagioli all'italiana

voor 4 personen

italiaanse bonen

Het is bekend dat Italianen grote fans zijn van bonen, maar dan heb ik het niet over die ingeblikte bonen in tomatensaus. Nee, in Italië gebruikt men allerlei soorten bonen als kleine bijgerechtjes, die vaak uitgroeien tot de sterren van de maaltijd. Ze passen bijvoorbeeld heel goed bij de meeste vleesgerechten. De methode om bonen te koken is bijna altijd hetzelfde, of je nou cannellini-, borlotti- of zolfinibonen gebruikt. Het enige dat per soort verschilt is de kooktijd, en die is ook weer afhankelijk van de vraag of je verse (die vind je soms op boerenmarkten) of gedroogde gebruikt.

Verse hebben meestal 25 tot 30 minuten nodig en genieten ook mijn voorkeur. Gedroogde bonen kunnen ook heel lekker zijn, maar die moet je eerst een nacht in de week zetten. In die tijd nemen de bonen het water in zich op en keren ze bijna weer terug naar hun oorspronkelijke staat. Of je nu gedroogde of verse bonen gebruikt, de meest effectieve kookwijze die ik in Italië geleerd heb is de volgende.

500 g gedroogde of 1 kg gedopte verse bonen (borlotti, cannellini of zolfini)
1 aardappel, geschild
2 rijpe tomaten, geplet
een halve bol knoflook
een bosje verse kruiden, met een touwtje samengebonden (gebruik rozemarijn, laurier, salie en tijm)
extra vierge olijfolie
kruidenazijn
zeezout en zwarte peper uit de molen

Als je gedroogde bonen gebruikt, moet je die een nacht in schoon koud water laten weken en ze voor het koken laten uitlekken en afspoelen. Doe de bonen, gedroogde of verse, in een diepe pan met zoveel water dat ze onder staan. Doe er geen zout bij (dat maakt de velletjes van de bonen stug). Doe de aardappel, de geplette tomaten (die maken de velletjes extra zacht), de knoflook, het bosje verse kruiden en een scheutje extra vierge olijfolie bij de bonen. Zet de pan op het vuur en laat de bonen aan de kook komen. Schuim het water af en houd de bonen 40 minuten tegen de kook aan, of tot ze gaar en zacht zijn. Verse moet je al na een minuut of 25 controleren.

Giet op ongeveer een half glas na al het kookvocht van de bonen af, haal de aardappel, tomaten, knoflook en kruiden uit de pan en gooi die weg. Gebruik het restje kookvocht om de bonen mee aan te maken. Maak ze nog wat smeuïger met een scheutje extra vierge olijfolie en doe er wat kruidenazijn bij om ze een zuurtje te geven. Doe er peper en zout naar smaak bij. De bonen kunnen als leuk bijgerechtje geserveerd worden, maar je kunt ze ook door pasta's, stoofschotels of soepen doen – je verzint het maar!

CINEMA
FARNESE

zucchini in padella

voor 4 personen

gebakken courgettes

Dit is een erg lekker bijgerecht voor bij wit vlees of vis, maar je kunt het ook als onderdeel van een antipasti gebruiken, op een crostini eten, of geprakt met een beetje room en Parmezaanse kaas door penne mengen. Ook heerlijk in omeletten of frittatas.

3 middelgrote courgettes
extra vierge olijfolie
3 tenen knoflook, gepeld en in dunne plakjes gesneden
een halve verse rode Spaanse peper, of 1 kleine gedroogde rode Spaanse peper, verkruimeld
een handvol verse marjolein of oregano, alleen de blaadjes, of 1 theelepel gedroogde oregano
zeezout en zwarte peper uit de molen
3 ansjovisfilets in olie, van goede kwaliteit
de geraspte schil en het sap van een halve citroen
desgewenst: een takje verse munt, alleen de blaadjes, fijngehakt

Snijd om te beginnen de uiteinden van de courgettes af en snijd ze vervolgens in plakjes van 1 cm dik. Als je courgettes erg groot zijn, halveer ze dan gerust in de lengte.

Doe een flinke scheut olijfolie in een pan op matig vuur. Doe de plakjes knoflook en de Spaanse peper in de pan. Doe na 30 seconden de plakken courgette en de kruiden erbij en peper en zout naar smaak. Zorg dat de pan niet al te heet is – de courgettes mogen niet te hard bakken. Hussel even goed, leg het deksel iets schuin op de pan zodat zich wat stoom in de pan ontwikkelt. Schud de pan de volgende 10 tot 12 minuten om de paar minuten. Doe er 2 minuten voor het einde van de kooktijd de ansjovisfilets en de citroenschil bij. Breng de courgettes zodra de ansjovisfilets helemaal gesmolten zijn voorzichtig op smaak met zout en peper en doe er wat citroensap bij om de Spaanse peper en kruiden in balans te brengen. Serveer de courgettes direct – ze zijn ook heerlijk als je er wat verse munt over strooit.

zucca al forno

voor 4 personen

geroosterde pompoen

In de loop van de jaren heb ik op tal van manieren geroosterde pompoen klaargemaakt, en ik moet zeggen dat dit een van mijn favoriete manieren is. Het gerecht is heel Toscaans, maar toch doet de smaak me denken aan Engelse chutneyrecepten die ik in oude kookboeken gevonden heb. Op deze manier geroosterd is de pompoen erg lekker als onderdeel van antipasti, door soep, door pasta of bij een stuk vlees. Andere soorten pompoen die ook heel geschikt zijn om te roosteren zijn Japanse pompoen (die een iets compactere, oranje schil heeft) en de eikelpompoen (waarvan de schil oranjeachtig grijs is en die je eerder plat dan rond zou noemen). Vraag bij twijfel advies aan je groenteman.

1 grote butternut-pompoen
1 gedroogde rode Spaanse peper
zeezout en zwarte peper uit de molen
een flinke handvol salieblaadjes
1 kaneelstokje, in stukjes gebroken
olijfolie

Verwarm de oven voor op 180 °C/gasovenstand 4. Halveer de pompoen, verwijder de zaadjes en bewaar ze, snijd het vruchtvlees met schil en al in plakken of brokken. Stamp de Spaanse peper met een flinke snuf zout fijn in een vijzel of metalen kom. Doe de salieblaadjes en de stukjes kaneel erbij, en zoveel olijfolie dat het mengsel lekker smeuïg wordt. Smeer de stukken of plakken vruchtvlees met dit mengsel in.

Leg de stukken in een enkele laag op een bakplaat en bestrooi ze met wat peper en zout. Strooi de zaadjes erover, dek de plaat strak af met aluminiumfolie en zet hem 30 minuten in de voorverwarmde oven, of tot de schil van de pompoen zacht is. Haal de folie weg en zet de plaat nog 10 minuten in de oven, tot de stukken pompoen krokant en goudbruin zijn. Haal de stukjes kaneel ertussenuit en ga aan tafel!

L'orto di Sicilia

ricetta tipica per verdure verdi

voor 4 personen

groente op z'n italiaans

Dit gerecht kan koud als antipasto, of warm als groente-contorno gegeten worden. Het mooie is dat je het met elke combinatie van groenten kunt maken, zoals jonge koolblaadjes, snijbiet en zelfs dingen als bind- of kropsla. Je kunt ook gewoon een grote zak spinazie, rucola en waterkers kopen, en dat tot een mooi mengsel mixen met wat bleekselderijblaadjes en andere kruiden, zoals basilicum, zuring en venkeltoppen. De meeste Italianen hebben een moestuin, en hoe groot of klein die ook is, ze hebben daardoor altijd verse groenten voorhanden. Dit recept beschrijft hoe je de grovere blaadjes eerst moet blancheren om ze vervolgens samen met de slablaadjes, kruiden en knoflook in een pan zacht en gaar te koken.

6 flinke handenvol gemengde groenten, sla en kruiden (zie boven)
olijfolie
2 tenen knoflook, gepeld en in plakjes gesneden
zeezout en zwarte peper uit de molen
het sap van 1 citroen

Blancheer de koolblaadjes en snijbiet een paar minuten in een pan kokend water met zout, laat ze in een vergiet uitlekken en een beetje afkoelen. Doe een paar flinke scheuten olijfolie in een grote koekenpan of braadpan, zet die op het vuur en doe de in plakjes gesneden knoflook erbij. Zodra die ook maar het kleinste beetje kleur begint te krijgen, mogen eerst de slablaadjes en vervolgens de kool en snijbiet erbij. Roerbak ze 4 tot 5 minuten op matig vuur, doe de kruiden erbij en laat de pan nog een minuut opstaan. Zet de pan van het vuur en breng het groentemengsel zorgvuldig op smaak met peper en zout, wat extra vierge olijfolie van goede kwaliteit en zoveel citroensap dat je een lekker zuurtje krijgt.

melanzane alla parmigiana

voor 6 personen

aubergine parmigiana

Dit klassieke recept uit het noorden van Italië is een fantastische manier om aubergines klaar te maken. Door ze met Parmezaanse kaas en tomaat in laagjes te leggen en ze dan te bakken krijg je een absoluut weldadig en verrukkelijk groentegerecht. Heerlijk om te serveren bij alle soorten gebraden vlees, maar ook bij geroosterde vis. Een van de fijne kneepjes die ik bij dit gerecht altijd toepas, is dat ik de aubergines van tevoren even onder de grill leg – hierdoor worden ze van binnen lekker romig – in plaats van ze in olie te bakken, waardoor ze vaak wat vettig worden.

3 grote, stevige aubergines
olijfolie
1 ui, gepeld en fijngehakt
een halve bol verse knoflook, als je die kunt krijgen, of 1 teen gewone knoflook, gepeld en in dunne plakjes gesneden
1 opgehoopte theelepel gedroogde oregano
2 blikken van 400 g gepelde tomaten van goede kwaliteit of 1 kg verse rijpe tomaten
zeezout en zwarte peper uit de molen
een beetje wijnazijn
een flinke handvol verse basilicum
4 flinke handenvol van het stuk geraspte Parmezaanse kaas
2 handenvol gedroogd broodkruim
een beetje verse oregano, alleen de blaadjes, gehakt
desgewenst: 1 bol buffelmozzarella van 150 g

Haal om te beginnen de steeltjes van de aubergines en snijd ze in plakken van 1 cm dik. Zet ze even opzij. Zet nu de grillpan op het vuur tot hij goed heet is of stook de barbecue hoog op. Doe ondertussen 2 of 3 flinke scheuten olijfolie in een grote pan op matig vuur. Doe de uitjes, knoflook en gedroogde oregano erin en bak ze 10 minuten tot de uitjes zacht zijn en de knoflook een beetje kleur heeft. Als je tomaat uit blik gebruikt, roer ze dan stuk. Als je verse hebt (die vanzelfsprekend veel zoeter en lekkerder smaken, als het er tenminste het seizoen voor is), prik die dan in leg ze ongeveer 40 seconden in kokend water. Schep ze met een schuimspaan uit de pan, leg ze 30 seconden in een kom koud water, trek het vel eraf, knijp voorzichtig de pitjes eruit en snijd het vruchtvlees in stukjes. Doe de tomaat bij de uitjes, knoflook en oregano. Roer het mengsel goed door en laat het met het deksel op de pan 15 minuten zachtjes pruttelen.

Rooster de plakken aubergine ondertussen tot ze aan beide kanten iets geblakerd zijn – het kan zijn dat je dat in porties moet doen, want ze zullen niet allemaal in één keer in de grillpan passen. Schep de plakken die klaar zijn op een schaal. Breng de tomatensaus als die is ingekookt en lekker zoet is voorzichtig op smaak met een beetje peper en zout, een klein scheutje wijnazijn en de basilicum. Je kunt de saus grof laten of pureren.

Doe in een aardewerken schaal van 25 × 12–15 cm een dun laagje tomatensaus, daarna een dun laagje Parmezaan, gevolgd door een enkele laag auberginepIakken. Herhaal de laagjes tot alle ingrediënten op zijn en eindig met een laagje saus met flink wat geraspte Parmezaanse kaas erop. Hussel het broodkruim met een beetje gehakte oregano en olijfolie en strooi dit mengsel op de Parmezaanse kaas. Soms wordt dit gerecht ook geserveerd met stukjes mozzarella erop. Zet de schaal een half uur in de op 190 °C/gasovenstand 5 voorverwarmde oven, tot de bovenkant lekker krokant en goudbruin is. Je kunt dit gerecht het best meteen opdienen, maar ook koud is het lekker. Je kunt de aubergines in dit recept vervangen door courgette of venkel – allebei ook erg lekker. Maar probeer het eens met aubergines, wat je zeker heerlijk zult vinden!

polenta

Polenta is gemalen en gekookt maïsmeel en is fantastisch om te eten. Als het even kan moet je altijd 'verse' polenta kopen (dat wil zeggen, van het laatste seizoen), omdat die veel meer smaak heeft. Er zijn twee soorten, geel en wit, die allebei erg lekker zijn. Witte polenta komt uit Venetië, is subtieler van smaak en wordt vaak bij visgerechten geserveerd. Polenta wordt van oudsher in het noorden van Italië verbouwd en geoogst, maar wordt in het hele land gegeten. Elke streek kent zijn eigen unieke manieren om het te serveren. Het wordt op een soortgelijke manier gekookt als havermout en kan verrijkt worden met boter en Parmezaanse kaas. Je kunt het 'nat' eten, als basis voor stoofschotels of rijke sauzen, maar ook in de stevige versie, bij geroosterd of gestoofd vlees.

Als je thuis polenta wilt klaarmaken voor vrienden en niet de hele tijd naar de keuken wilt lopen, kun je het ook van tevoren klaarmaken. Giet de polenta in een schaal, voeg zout en peper naar smaak toe, besprenkel het met olie en dek af met vetvrij papier. Zet de schaal op een pan met zacht borrelend water op een laag pitje en houd de polenta warm. Wanneer je de polenta nodig hebt, hoef je dan alleen maar het papier eraf te trekken en de schaal op tafel te zetten.

stevige polenta

250 g 'verse' polenta

ongeveer 1,7 liter water

Breng een grote pan gezouten water aan de kook en roer de polenta er geleidelijk aan door. Zodra het begint te koken, zal het alle kanten op gaan ploepen. Leg dus een deksel een beetje schuin op de pan om te voorkomen dat de hete polenta je om de oren vliegt, en zet het vuur lager. Wanneer de polenta iets is ingedikt, wordt het spul een stuk minder agressief. Toen ik leerling-kok was liep ik altijd snel voorbij de polenta-pan, bang als ik was dat ik geraakt zou worden! Roer de polenta om de 4 of 5 minuten even door, en ga daarbij met de lepel ook goed langs de randen van de pan. De polenta wordt erg dik, maar dat is de bedoeling. De kooktijd is 40 tot 45 minuten en de consistentie moet lijken op die van luchtige aardappelpuree.

Breng de polenta op smaak met peper en zout, wrijf een bakplaat of werkvlak in met een beetje olie en keer de pan polenta erop om. Strijk de polenta met een spatel of lepel uit tot een laag met een dikte van ongeveer 2,5 cm. Je hoeft het niet al te netjes te doen, dat maakt niet uit. Na het koken van de polenta blijft er een dunne, tortilla-achtige korst achter op de bodem van de pan, en dit vind ik het mooiste moment – het snoepje voor de kok! Steek deze korst met een spatel los van de bodem van de pan en breek hem in kleine stukjes. Leg ze op een bord, bestrooi ze met Parmezaanse kaas en wat gehakte verse Spaanse peper, sprenkel er een beetje goede olijfolie over en proef hoe lekker dat is! Na een half uur is de polenta volledig afgekoeld en kun je er vierkante stukjes, blokjes of plakjes van snijden, afhankelijk van hoe je ze wilt grillen of bakken.

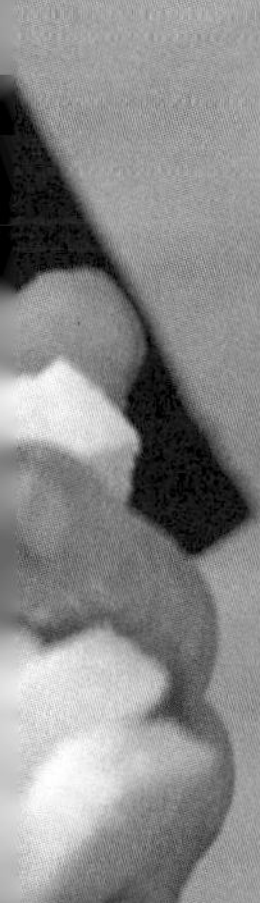

'natte' polenta

Gebruik dezelfde hoeveelheden als hierboven. Na een half uur koken moet er wat extra water bij, zodat de polenta de consistentie van een soort dikke slagroom krijgt. Het spul moet in dikke klodders, gemakkelijk van de achterkant van een lepel druppelen. Zet de pan van het vuur als de polenta gaar is. Roer er 100 g boter en 130 g vers gemalen Parmezaanse kaas door en voeg peper en zout naar smaak toe. Deze natte polenta is nu klaar om geserveerd te worden.

dolci *desserts*

Cono Roma
VIA VINCENZO BRUNACCI, 33
00146 ROMA TEL 06/55657745

desserts

Nu wordt het interessant. Ik maak tegenwoordig alleen nog desserts voor speciale gelegenheden of in het weekend voor de kinderen. Als we op een normale, doordeweekse dag trek hebben in een toetje, houd ik het heel simpel.

Het verbaasde me nogal dat ook de meeste Italianen zelf geen desserts maken. Ze kopen ze liever in een goede winkel, hetzij in een gelateria, hetzij een pasticceria, waar ze elke dag vers bereid worden. Ze zien het nut er niet van in om zelf te gaan ploeteren en te proberen om dingen te maken die je veel gemakkelijker bij iemand kunt kopen die het goed kan. Italianen nemen soms zelfs een dessert mee als ze bij iemand thuis te eten worden gevraagd, een beetje zoals wij een fles wijn mee zouden nemen. Over het algemeen zijn Italianen niet zo verrukt van toetjes als Fransen, maar als ze hun rustieke taarten en koeken of verrukkelijke ijsjes en sorbets maken zijn ze nauwelijks te evenaren.

Dit hoofdstuk staat vol zeer eenvoudige desserts, van kleverige vijgen met pecorino en supergemakkelijke bramentaart (zo ongelofelijk eenvoudig en lekker voor op een mooie zomerdag) tot een wrange citroensherbet. En, vanzelfsprekend, de klassieke tiramisù.

uva fragola surgelata con cioccolato e grappa

bevroren fragola-druiven met chocola en grappa

Mijn maat Mr David Loftus (de voedselfotograaf die aan al mijn boeken, behalve aan het eerste, heeft meegewerkt) is duidelijk dol op eten, want hij besteedt zijn halve leven aan het fotograferen ervan. Toen we in Italië waren om de foto's voor dit boek te schieten, zei hij dat ik mijn druiven in moest vriezen – ik dacht dat hij echt volkomen van God los was! Wat zouden mijn vrienden de druivenplukkers er wel niet van zeggen? Waarom zou je in vredesnaam heerlijke verse druiven plukken om die vervolgens in te vriezen?

Maar… natuurlijk was het een fantastisch idee, en zat ik er helemaal naast!

Toen David ons de bevroren druiven kwam brengen was het ongelofelijk heet, en we hadden net behoefte aan iets verkoelends. Hij had wat heerlijk zoete fragola-druiven weten te bemachtigen – een genot om te eten, maar een zeldzaamheid in de supermarkt. Een goede muscaatdruif of andere lekkere tafeldruif is ook goed. Zodra de druiven beginnen te bevriezen, veranderen vruchtvlees en sap in een soort sorbetachtige ijslollie, terwijl de buitenkant stevig (en heel mooi berijpt) blijft.

De beste manier om bevroren druiven te eten is na de maaltijd, met een paar stukjes lekkere chocola en een goed glas grappa erbij. Als je, zoals ik, een beetje sceptisch bent ten opzichte van dit dessert, wil ik je toch op het hart drukken het eens te proberen – het is supercool! Goed gedaan, Dave!

Sorbetto di pere

Voor 6 personen

Perensorbet

Sorbets zijn altijd een mooie manier om een maaltijd te besluiten als je iets wilt hebben wat niet te zwaar is. Ze kunnen ook gebruikt worden om tussen de gangen door de mond te verfrissen. Hoe dan ook, een sorbet wordt praktisch altijd op dezelfde manier gemaakt – een vruchtenpuree wordt in de juiste verhouding gemengd met een beetje siroop en ingevroren. Een sorbet moet glanzend en makkelijk te scheppen zijn.

Dit recept voor een sorbet met peer en grappa is een te gekke combinatie en een van mijn favorieten, dus probeer het eens. Schep deze sorbet in een kom en strooi er wat lekker zacht zomerfruit over: geweldig. Een goede kwaliteit wodka in plaats van grappa kan heel interessant zijn en ik wil niet als een blinde idioot overkomen, maar absint zou ook lekker smaken. Die groene fee kun je tegenwoordig weer krijgen. Nardini is een heel goed merk.

Met dit recept kun je 6 mensen elk een paar scheppen geven. Als je maar met z'n vieren bent kun je deze zelfde hoeveelheid maken en wat overblijft in de vriezer zetten voor een andere keer. Ik raad je aan een tamelijk ondiepe aardewerken of dikke porseleinen schaal te gebruiken, die je van tevoren in de vriezer kunt zetten – dan gaat het bevriezen van de sorbet vlugger.

Probeer aan lekker rijpe peren te komen – die zijn vaak goedkoop op de markt te krijgen. Als ze echt lekker rijp zijn en zacht aanvoelen, hoef je ze alleen maar te schillen en het vruchtvlees in een kom te doen – je hoeft ze helemaal niet te koken. Op deze manier heb ik het in Italië gedaan, toen fruitkoopman Pippo op de weekmarkt van Terranuova Bracciolini bij Montevarchi me zomaar een hele kist peren gaf. Ga hem even gedag zeggen, dan heb je misschien dezelfde mazzel!

200 g suiker
2 dl water
1 kg rijpe, zachte peren, geschild, in vieren gesneden, het klokhuis verwijderd
het sap en de geraspte schil van 1 citroen
0,5 dl grappa, of meer of minder naar smaak

Zet om te beginnen de suiker en het water in een pan op het vuur. Laat aan de kook komen, zet het vuur laag en laat de pan 3 minuten op staan. Leg er je in vieren gesneden peren in en laat ze, tenzij ze superzacht zijn, 5 minuten meesudderen. Zet de pan van het vuur en laat de peren 5 minuten staan. Doe er dan het citroensap (zonder de pitjes) en de geraspte citroenschil bij. Giet het hele zaakje in een foodprocessor, pureer het en wrijf de puree door een grove zeef in de schaal waarin je de sorbet wilt serveren.

Giet de grappa erbij, roer goed en proef. De grappa moet niet te overheersend zijn en een te sterke alcoholsmaak geven. Verschillende merken verschillen in sterkte en smaak, dus volg je eigen smaak. (Maar dit is geen excuus om de hele fles erdoor te gooien, want als je te veel alcohol gebruikt, bevriest de sorbet niet.) Zet de schaal in de vriezer en klop de puree elk half uur door met een vork – je zal zien dat het lichter van kleur wordt. Na een paar uur is de sorbet klaar. Je moet het spul makkelijk kunnen scheppen. Heerlijk met ventagli of andere verfijnde krokante koekjes. P.S. Deze sorbet blijft in de vriezer een paar dagen goed – daarna gaat hij kristalliseren.

Crostata di fichi

Voor 8 personen

Vijgentaart

Deze fantastische taart is voor mij het prototype van Toscaanse toetjes. Het is een geweldige manier om rijpe vijgen of steenvruchten te gebruiken, met een snufje kaneel om het aroma te verrijken.

15 hele vijgen, gewassen
30 g suiker
2 eetlepels water
2 takjes verse tijm, alleen de blaadjes
de geraspte schil van 1 sinaasappel

voor het kruimeldeeg
125 g boter
100 g poedersuiker
snufje zout
250 g bloem
desgewenst: 1 vanillestokje, gespleten, de zaadjes eruit geschraapt
de geraspte schil van een halve citroen
2 dooiers van grote eieren, bij voorkeur biologische
2 eetlepels koude melk of water

voor de frangipane
285 g geblancheerde hele amandelen
50 g bloem
250 g ongezouten boter
250 g suiker
2 grote eieren, bij voorkeur biologische, losgeklopt
1 vanillestokje, gespleten, de zaadjes eruit geschraapt
1 eetlepel grappa

Begin met een springvorm met een doorsnede van 28 cm in te vetten met een beetje van de boter. Roer voor je deeg de boter, poedersuiker en zout romig en wrijf er de bloem, vanillezaadjes, geraspte citroenschil en eidooiers door – dit kun je met de hand doen, of met een foodprocessor. Doe er, wanneer het mengsel op grof broodkruim lijkt, de koude melk of het water bij. Kneed het mengsel luchtig en kort zodat je een deegbal krijgt. Bestuif hem met bloem. Kneed het deeg niet te veel, anders wordt het elastisch en taai, en niet vlokkerig en bros, zoals je het hebben wilt. Wikkel het deeg in plasticfolie en leg het minstens een uur in de koelkast. Haal het deeg uit de koelkast, rol het uit en bekleed er je taartvorm mee. Zet de beklede vorm een uur in de vriezer.

Verwarm de oven voor op 180 °C/gasovenstand 4 en bak de taartbodem in ongeveer 12 minuten licht goudbruin. Haal de vorm uit de oven en zet de thermostaat lager, op 170 °C/gasovenstand 3.

Hak voor de frangipane 250 g van de hele amandelen in een foodprocessor tot je een fijn poeder hebt (gebruik de pulse-knop). Doe de amandelpoeder met de bloem in een andere kom. Doe de boter en suiker in de mengkom en laat de machine draaien tot het mengsel licht en romig is. Spatel hier het amandelpoeder met de bloem, de losgeklopte eieren, de vanillezaadjes en de grappa door tot je een goed gemengde, gladde massa hebt. Zet het mengsel minstens een half uur in de koelkast om op te stijven. Verwijder de steeltjes van de vijgen, snijd ze aan de bovenkant kruislings in en druk met je duim op de onderkant, zodat ze als een bloem opengaan.

Schep de gekoelde frangipane in de taartbodem en druk er de vijgen, met de open kant naar boven, zachtjes in. Verhit de suiker en het water en sprenkel deze siroop over de vijgen. Hak de rest van de amandelen grof en strooi ze samen met de tijm en de geraspte sinaasappelschil over de taart. Bak de taart ongeveer 40 minuten in de voorverwarmde oven, of tot de frangipane langs de rand stevig en goudkleurig is, maar nog iets lobbig in het midden. Laat de taart 30 tot 40 minuten afkoelen. Erg lekker met een dot mascarpone of crème fraîche.

bustrengo

voor 8 personen

bolognese taart van polenta en appel

Dit is een heerlijke, vochtige taart – een beetje zoals een Franse clafoutis – die door de toevoeging van de broodkruimels en het gebruik van polenta een beetje op een Italiaanse broodpudding lijkt. In Italië werden zulke dingen gemaakt in de nog gloeiende kooltjes na het eten.

een klontje boter
100 g polenta
200 g bloem, gezeefd
100 g kruim van oud brood
100 g fijne kristalsuiker, plus wat extra om eroverheen te strooien
5 dl volle melk
3 grote scharreleieren, liefst biologisch, losgeklopt
100 g vloeibare honing
0,5 dl olijfolie
100 g gedroogde vijgen, gehakt of in stukjes gescheurd
100 g rozijnen of krenten
500 g stevige handappels, geschild, van klokhuis ontdaan, in niet te kleine blokjes gesneden
½ theelepel kaneel
de geraspte schil van 2 sinaasappels
de geraspte schil van 2 citroenen
1 theelepel zout

Verwarm de oven voor op 180 °C/gasovenstand 4 en vet een ondiepe, ronde springvorm met een doorsnede van 28 cm in met boter. Meng de polenta, bloem, broodkruim en suiker in een grote kom. Meng in een andere kom de melk, eieren, honing en olijfolie. Doe het natte mengsel bij het droge en roer alles heel goed door elkaar. Doe de vijgen, rozijnen, appel, kaneel, sinaasappel- en citroenschil en zout erbij en roer nogmaals.

Giet het mengsel in de springvorm en zet de taart ongeveer 50 minuten in de oven. Houd hem goed in de gaten. Als de taart aan de randen te snel bruin wordt, kan het nodig zijn hem met folie af te dekken. Strooi er voor het serveren nog wat suiker over en eet hem bij voorkeur lekker warm. Heerlijk met een klodder crème fraîche en een glaasje vin santo!

torta di riso

voor 8 personen

florentijnse rijsttaart

Ik vond dat ik dit recept wel in dit boek móést zetten, gewoon omdat het zo verdomd lekker is! Bovendien zijn er niet veel lekkere desserts die je gemakkelijk mee kunt nemen als je gaat picknicken of onderweg bent. De eerste keer dat ik deze taart tegenkwam, in een kleine uitvoering, was in een café in Florence. Ze zagen er zo lekker uit dat ik er een paar voor mezelf kocht. Ik vond ze in eerste instantie erg lijken op de bekende Portugese custardtaartjes, maar merkte daarna dat ze gevuld waren met iets wat erg op Engelse rijstpudding leek. Ze waren heerlijk, maar deden me vooral beseffen hoe klein de culinaire wereld eigenlijk is. De naar vanille en sinaasappels geurende vulling kan net zo goed op zichzelf gegeten worden, met een mooi glas dessertwijn erbij.

Gewoonlijk wordt dit soort taarten bestoven met poedersuiker, en ze kunnen warm of koud gegeten worden – overheerlijk, zoals de meeste dingen in Italië, bij een kop koffie. Ook goed om te weten, is dat je voor het beste resultaat de rijstpudding een dag van tevoren moet maken. P.S. In het deeg van deze taart kun je de geraspte citroenschil ook vervangen door de geraspte schil van een halve sinaasappel.

1 kruimeldeegrecept (zie pagina 279)

voor de vulling
55 g boter
2 vanillestokjes
325 g risottorijst
3 eetlepels fijne kristalsuiker
de geraspte schil van 3 sinaasappels
1 wijnglas witte wijn
1 liter volle melk
2 grote scharreleieren, liefst biologisch, losgeklopt
2 eetlepels poedersuiker

Vet om te beginnen een springvorm met een doorsnede van 28 cm in met een beetje boter. Volg voor het deeg de aanwijzingen op (pagina 279) en zet de vorm een uurtje in de vriezer. Verwarm vervolgens de oven voor op 180 °C/gasovenstand 4 en bak de taartbodem in ongeveer 12 minuten licht goudbruin. Haal hem uit de oven, zet hem zolang opzij en verhoog de oventemperatuur tot 200 °C/gasovenstand 6.

Pak een hoge, zware pan met deksel en laat er de boter langzaam in smelten. Splijt de vanillestokjes en schraap er met een scherp mes de pitjes uit. (Je kunt de stokjes in je suikerpot gooien om zelf heerlijke vanillesuiker te maken.) Doe de vanillezaadjes bij de boter en roer even. Laat de pan nog 1 minuut op een laag pitje staan voordat je de rijst, suiker en sinaasappelschil erin doet. Zet het vuur wat hoger, roer goed en giet de wijn erbij. Blijf roeren tot de wijn bijna helemaal verdampt is. Nu is het tijd om de melk er scheutje voor scheutje bij te gieten. Laat de rijst 15 minuten op een heel laag pitje pruttelen en roer in die tijd zo vaak mogelijk. De rijstkorrels niet meer dan beetgaar laten worden, want ze gaan ook nog de oven in, maar de massa moet nog een beetje vloeibaar zijn. Laat de rijst iets afkoelen en roer er dan de losgeklopte eieren door. Doe de rijst over in de taartvorm, strooi er poedersuiker over en bak de taart in ongeveer 20 minuten goudbruin. Heerlijk met crème fraîche met een beetje geraspte sinaasappelschil erover.

torta di more

voor 8 tot 10 personen

bramentaart

Ik heb echt duizenden van deze taarten gebakken toen ik voor Antonio Carluccio in het Neal Street Restaurant in Londen werkte. We maakten ze altijd voor het Royal Opera House, waar de mensen die naar een opera- of balletvoorstelling gingen een stuk van zo'n taart kregen als onderdeel van een van de chicste picknicks van Londen die ze in hun loges geserveerd kregen. Ik ben op een vrije dag ook zelf wel eens naar het Zwanenmeer gegaan om met eigen ogen te zien hoe het publiek in de loges van mijn taarten zat te smullen, terwijl ik met de anderen beneden op de goedkopere plaatsen zat (met een rolletje zuurtjes!). Niet dat ik het ze niet gunde. Ik wist tenslotte al hoe verdomd lekker die taarten waren! Dit is een ontzettend gemakkelijk dessert, vooral als je een paar taartbodems in de vriezer hebt staan. Je kunt ze met zo'n beetje elke soort zacht fruit maken – frambozen, bramen, aardbeien, blauwe bosbessen, of zelfs kort gekookte kruisbessen. Allemaal even lekker!

1 kruimeldeegrecept (**zie pagina 279**)

voor de vulling
1 vanillestokje
500 g mascarpone
1 dl koffieroom
3 eetlepels suiker
3 eetlepels grappa of vin santo
300 g bramen (**of ander fruit, zie boven**)
2 eetlepels bramen- of frambozenjam
een klein handje jonge muntblaadjes

Vet om te beginnen een springvorm met een doorsnede van 28 cm in met boter. Volg voor het deeg de aanwijzingen op (pagina 279) en zet de taartbodem een uurtje in de vriezer. Verwarm de oven voor op 180 °C/gasovenstand 4 en bak de bodem in ongeveer 12 minuten licht goudbruin.

Splijt voor de vulling het vanillestokje en schraap de zaadjes er met een scherp mes uit. Doe de mascarpone, room, vanillezaadjes, suiker en grappa in een grote kom en klop alles tot een glanzende massa. Proef – het moet een intense, volle, luchtige en licht zoete crème zijn, met een licht vleugje grappa. Als je geen grappa kunt krijgen, kun je die ook weglaten of vervangen door een scheutje vin santo.

Als de bodem eenmaal is afgekoeld, is het tijd om er met een spatel de crème in te scheppen. Smeer de crème goed uit, zodat de bodem zo'n beetje met een overal even dikke laag bedekt is, en leg er de vruchtjes op – leg ze losjes op de crème, duw ze er niet in. Gebruik als je wilt gerust meer fruit of zelfs gemengd fruit. Hierna verdun je in een klein pannetje een paar eetlepels jam met 3 of 4 eetlepels water. Roer tot je een licht siroopje hebt en kwast de vruchtjes er dun mee in.

Bestrooi de taart vlak voor het serveren met de jonge muntblaadjes. Fantastisch om als één grote taart te serveren, of als meerdere kleintjes. Heerlijk voor 's middags bij de thee. Je kunt de taart meteen eten of in de koelkast bewaren voor later.

semifreddo con cioccolato e riso

genoeg voor 8 personen

semifreddo met chocola en rijst

Ik heb dit recept op dezelfde dag bedacht als dat voor de rijsttaart op pagina 284, en het zette me aan het denken over de liefde en het respect waarmee Italianen met rijst omgaan, ongeacht of het nou in toetjes of in risotto's is. Als je door Florence of door een andere Italiaanse stad loopt, kom je langs een heleboel fantastische gelatarias (ijssalons). In die salons wordt vaak vanille-en-rijstijs verkocht, iets wat ik absoluut geweldig vind, en ik wilde zelf ook eens een poging wagen. Ik mengde daarom een restje rijstpudding met de traditionele Italiaanse gekonfijte vruchtjes, gebrokkelde chocola en pistaches. Dat mengsel deed ik toen bij een semifreddo (wat letterlijk 'halfbevroren' betekent) – een lichte versie van roomijs. Fantastisch voor als je gasten krijgt, want je kunt het al dagen van tevoren klaarmaken.

voor de rijstpudding

30 g boter
1 vanillestokje
150 g risottorijst
55 g suiker
1,5 dl witte wijn
7 dl volle melk

voor de semifreddo

55 g fijne kristalsuiker
4 grote scharreleieren, liefst biologische, gesplitst
5 dl slagroom
een snufje zout
150 g gekonfijte vruchtjes, in stukjes gehakt
100 g pure chocola van goede kwaliteit (70% vaste cacaobestanddelen), vergruisd
100 g pistaches, gepeld en grof gehakt

Zet om te beginnen een grote aardewerken schaal met een doorsnede van 25 tot 30 cm of meerdere eenpersoonsvormpjes in de vriezer om af te koelen. Zet een hoge pan met dikke bodem op laag vuur en laat daarin de boter smelten. Splijt het vanillestokje en schraap de zaadjes er met een mes uit. Roer de zaadjes door de boter. Laat de pan 1 minuut op staan alvorens je er de rijst en de suiker bij doet. Zet het vuur iets hoger, roer alles goed door elkaar en giet de wijn erbij. Blijf roeren totdat de wijn bijna helemaal verdampt is. Giet er vervolgens geleidelijk de melk bij. Laat de rijst 18 tot 20 minuten op een laag pitje pruttelen en roer zo vaak je kunt. Zet de pan van het vuur en laat de rijst volledig afkoelen.

Voor de semifreddo heb je 3 kommen nodig. In eentje daarvan moet je de eidooiers en de suiker tot een bleke, romige massa opkloppen, in de tweede kom klop je de room stijf en de derde kom is om de eiwitten met een snufje zout op te kloppen tot het schuim in pieken blijft staan.

Doe nu de room en de eiwitten in de grote kom met het suiker-en-eidooiermengsel. Nu moeten ook alle andere smaakmakers erbij, dus spatel voorzichtig het gekonfijte fruit, de chocola en de pistaches, plus de koude rijstpudding door het mengsel. Schep je rijstpudding-semifreddo nu vlug in de voorgevroren schaal, dek hem af met plasticfolie en zet de schaal terug in de vriezer – het duurt minstens 4 uur voordat het zaakje goed bevroren is. Je moet het voor het serveren wel een tijdje in de koelkast zetten om het ijs een beetje zachter te laten worden. Het moet gemakkelijk te scheppen zijn. Heerlijk met verse bosvruchten.

fichi secchi

kleverige italiaanse vijgen

Hoewel dit recept in het desserthoofdstuk staat en waarschijnlijk bedoeld is om na de hoofdmaaltijd te eten, heb ik het eerlijk gezegd ook wel als ontbijt en als lunch gegeten. Het is altijd lekker, dus wat mij betreft mag je het eten wanneer je wilt!

Rond september hangen de bomen in Toscane vol groene en paarse vijgen en kun je ze echt overal plukken en eten. Ze zijn zoet en sappig en kunnen in tal van verschillende salades gebruikt worden (heerlijk met mozzarella), of in desserts (vooral met ijs), maar als je ze bij het diner serveert vind ik ze het lekkerst met wat oude, brokkelige kaas. (Ik eet niet graag zurig fruit bij kaas, dus deze vijgen zijn perfect.)

Op een dag had ik zo veel vijgen geplukt dat ik er een heleboel overhield. Ik sneed ze doormidden, legde ze op een rooster en zette ze in de oven op de allerlaagste stand (50 °C/laagste gasovenstand). Na twee uur waren ze klaar, maar je kunt de oven ook uitzetten en ze er de hele nacht in laten staan. De volgende ochtend waren de vijgen de lekkerste fruitsnoepjes die je je kunt voorstellen! Ik at er een paar met een beetje honing en wat ricotta op een toastje – wat een supermanier om de dag te beginnen. Je kunt de vijgen ook in een stoofschotel verwerken of door pasta roeren, maar de beste manier om ze te eten is gewoon op zich, met wat lekker zoute pecorino of soortgelijke kaas en een goed glas vin santo erbij. Een van de ware geneugten des levens!
P.S. Deze vijgen zijn erg lekker door een amandeltaart en ook verbazingwekkend bij gebraden kip en vederwild. Je kunt ze ook in stukjes hakken en door sauzen doen om die een schitterende zoete, kruidige smaak te geven.

fragole con limone e menta

aardbeien met citroen en munt

Doe een paar aardbeien in bevroren glazen. Knijp er een beetje citroensap over en bestrooi ze met een schepje fijne suiker, een beetje geraspte citroenschil en een plukje gescheurde verse muntblaadjes. Ook erg lekker met een scheutje prosecco.

gelato con olio e sale

roomijs met olijfolie en zeezout

Ik kreeg dit gerecht jaren geleden voorgeschoteld en was geschokt, maar het bleek verschrikkelijk lekker! Je kunt het alleen met succes klaarmaken met goed vanille-ijs en de beste olijfolie die er te krijgen is. Doe een paar bolletjes vanille-ijs in de kommen. Giet er wat heel goede extra vierge olijfolie over, liefst een met een mooi grassige, bloemige smaak, en strooi er een klein snufje zeezout over. Ik kan niet uitleggen waar het op lijkt… je moet het gewoon zelf proberen!

torta di nada

voor 10 personen

nada's cake

Nada is het beeldschone brein achter het bedrijf van mijn goede vriend Luca van Villa Petrolo in Toscane. Mocht je ooit op zoek zijn naar een prettig vakantieadresje, dan hebben zij 3 of 4 villa's die het hele jaar door verhuurd worden. Als je belt om er een te reserveren, krijg je ongetwijfeld Nada te spreken. Ze maakt een klassieke Toscaanse druivencake die echt waanzinnig is, zoals je op de foto kunt zien. Het is een heerlijk gebak, gemaakt met boter en olijfolie, wat een ongebruikelijk lichte en natte cake oplevert – werkelijk verrukkelijk in combinatie met de zoete, kleverige druiven.

De druiven die Nada voor haar cake gebruikt zijn de kleine, zoete fragola-druiven die in september in Toscane verkrijgbaar zijn. Buiten Toscane zijn deze nauwelijks te krijgen, dus ik heb het recept wat aangepast door verse blauwe bosbessen te gebruiken – aan het begin van de zomer zijn die het lekkerst. Hierdoor ziet de cake er ongeveer net zo uit als die van Nada, en hij smaakt ook prima.

boter en bloem om de cakevorm mee voor te bereiden
4 grote eieren, op kamertemperatuur
270 g suiker
180 g ongezouten boter, gesmolten
1,15 dl extra vierge olijfolie
1,5 dl melk
1 vanillestokje, zaadjes eruit geschraapt, of 1 theelepel puur vanille-extract
400 g ongebleekte bloem
1½ theelepel bakpoeder
een flinke snuf zeezout
de geraspte schil van 2 citroenen
de geraspte schil van 2 sinaasappels
600 g verse blauwe bosbessen of kleine rode druiven zoals muskaat of fragola

Verwarm de oven voor op 175 °C/gasovenstand 4. Vet een cakevorm van 25 cm lang royaal in met boter, leg een stuk bakpapier op de bodem en zet hem zolang opzij. Klop de eieren en de suiker met de hand of met een elektrische mixer in 3 minuten tot een dikke gele massa. Meng er de boter, extra vierge olijfolie, melk en vanillezaadjes door. Zeef de bloem, het bakpoeder en het zout erbij. Voeg de citroen- en sinaasappelschil toe en roer alles goed door elkaar met een houten lepel. Laat het beslag 10 minuten rusten, zodat de bloem het vocht kan absorberen.

Roer ongeveer een kwart van de bosbessen of druiven door het beslag, schep het in de cakevorm en strijk het glad met een spatel. Zet de cake in het midden van de voorverwarmde oven, bak hem 15 minuten, haal hem eruit en strooi de rest van de vruchtjes erop. Druk ze een klein beetje in de cake en zet hem nog 30 tot 40 minuten in de oven, tot hij diep goudbruin van kleur is en stevig aanvoelt. Zet de cake op een rooster om af te koelen. Ga na 10 minuten met een mes langs de randen van de cakevorm en stort je cake op een plank.

Herbarium
cnicus
Herbarium

sorbetto di limone

voor 6 personen

speciale citroensherbet

Dit is een citroensorbet, maar niet een zoete zoals je die als kind altijd kreeg (zo'n felgele, mierzoete met poedersuiker in het midden, dit voor diegenen die het zich niet meer goed herinneren!). Geloof het of niet, maar die zoete kwamen pas een stuk later dan de echte *sherbets*. Zoals je weet heb je granita's, gemaakt van geschaafd ijs, en sorbets, glad ijs zonder room, gemaakt op basis van een suikersiroop. Roomijs is een bevroren dessert op basis van eieren en custard. En dan heb je dus de sherbet, die je maakt door een klein beetje room aan een sorbetbasis toe te voegen. Door de room er in kleine schepjes bij te doen, krijg je een soort bruisende sensatie op je tong en dat is precies waar het bij een sherbet om gaat. Sherbets behoren tot mijn favoriete desserts. Je kunt ze in talloze smaken maken, zolang het fruit maar een zuurtje heeft. Citroen, limoen, ananas en grapefruit zijn mijn lievelingssmaken.

Tegenwoordig vinden we ijsjes en andere bevroren desserts iets heel vanzelfsprekends, maar honderd jaar geleden, toen ijs net zo gewild was als nu, liepen arme werklieden de hele winter met ijsblokken te sjouwen, die ze in kleine ijshuisjes bewaarden om tijdens de zomer ijs en sherbets van te maken. Het moet een hoop tijd en geld gekost hebben, en er moest heel goed worden nagedacht over de smaken, want men wilde natuurlijk in geen geval ijs verspillen. Ik denk dat ijs in die tijd ongeveer het equivalent was van wat oesters en champagne tegenwoordig zijn.

200 g suiker
2 dl water
2 dl citroensap
de geraspte schil van 1 citroen
1 opgehoopte eetlepel mascarpone

Zet een ondiepe bak van 20 tot 25 cm in de vriezer (ik gebruik het kleine pannetje dat op de foto staat), dan zal de sherbet straks goed en snel bevriezen.

Breng de suiker en het water in een pan aan de kook, zet het vuur laag en laat het mengsel 5 minuten pruttelen. Zet als de vloeistof helemaal helder is de pan van het vuur en laat de siroop 15 minuten afkoelen; doe dan het citroensap en de geraspte citroenschil erbij. Voeg vervolgens de mascarpone toe en roer alles goed door elkaar. Het is heel belangrijk dat je op dit moment even proeft. De smaak hangt helemaal af van de zuurgraad van je citroenen, en daarom is het bijna onmogelijk om een exact recept te geven – wat ik wel kan zeggen is dat de aangegeven hoeveelheid suiker voldoende zou moeten zijn. Mocht het mengsel echter zo zuur zijn dat je wangen ervan tegen elkaar klappen, dan weet je dat er nog wat extra suiker bij moet om het citroensap een beetje te neutraliseren.

Giet het mengsel in de bevroren bak en zet die terug in de vriezer; laat het ijs er minstens een uur in staan voordat je er de eerste keer naar kijkt. Woel het mengsel zodra het enigszins bevroren is los met een vork en herhaal dat de volgende drie uur zo'n beetje om het uur. De sherbet is nu klaar voor gebruik en is, afgedekt met een stuk plasticfolie, een paar dagen houdbaar – als je het mengsel langer bewaart beginnen zich ijskristallen te vormen. Het is zo, zonder iets erbij geserveerd in een coupe of glas een traktatie, maar het is ook heel lekker met gepureerde frambozen – als verse saus – erover.

la torta della giovane sara

voor 8 personen

taart van de jonge sara

Dit is een recept van een beeldschoon Italiaans meisje, Sara, dat ons in Toscane in de keuken hielp (onze fotograaf was op slag verliefd op haar – vandaar de mooie foto!). Het is een recept dat ze van haar moeder geleerd heeft, en ik kan in alle eerlijkheid zeggen dat het nooit in dit boek terechtgekomen was als het geen topper was. Hoewel ze typisch zo'n jonge meid van begin twintig is, is ze in tegenstelling tot veel Britse jongelui door haar moeder behoorlijk goed getraind op kookgebied, en dit is werkelijk een fantastisch dessert.

250 g boter, gesmolten, plus wat extra voor het bakblik
500 g bloem, Tipo '00'
4 eieren, liefst biologische
400 g suiker
de geraspte schil en het sap van 1 citroen
1 zakje gist van 7 g
100 g pijnboompitten

Verwarm de oven voor op 180 °C/gasovenstand 4. Vet een springvorm met een doorsnede van 30 cm in met boter en bekleed hem met een stuk bakpapier. Bestrooi het bakpapier met een beetje bloem. Klop de eieren los in een grote kom en doe de suiker, de rest van de bloem, citroenschil en sap, gesmolten boter en gist erbij. Meng alles goed en giet het beslag in de vorm. Strooi de pijnboompitten erover en bak de taart in ongeveer 40 minuten goudbruin.

tiramisù veloce

snelle tiramisù

voor 4 personen

Er bestaan veel verschillende recepten voor tiramisù – deze versie is mijn favoriete variatie op het origineel, en de kant-en-klaar gekochte lange vingers doen het echt prima. Probeer het eens – je zult het resultaat fantastisch vinden. Het woord tiramisù betekent letterlijk 'trek me op'.

15 lange vingers
2,85 dl goede sterke koffie, vers gezet
4 eetlepels fijne kristalsuiker
500 g mascarpone
2 vanillestokjes
1,4 dl vin santo of zoete sherry
de geraspte schil en het sap van 1 sinaasappel
100 g van de allerbeste kwaliteit pure chocola (70% vaste cacaobestanddelen)

Neem een matig diepe kom of schaal met een doorsnede van 20 tot 25 cm en leg de lange vingers er in laagjes gestapeld in. Zoet de koffie met 2 eetlepels van de suiker. Giet de koffie over de lange vingers en zorg dat ook de bovenste laag helemaal onder staat – je ziet hoe de lange vingers de koffie absorberen. Doe terwijl de koekjes staan te wellen de mascarpone in een kom en klop er de rest van de suiker door.

Snijd de vanillestokjes in de lengte open en schraap de zaadjes in de kom met mascarpone; de stokjes kun je bewaren om er vanillesuiker mee te maken. Ga door met kloppen en sprenkel gaandeweg de vin santo of sherry erbij. Het mascarponemengsel moet een vloeibare, glanzende consistentie krijgen. Als het nog te dik is, kun je er een klein beetje van het sinaasappelsap bij doen voordat je de rest van het sap over de lange vingers heen knijpt. Smeer het mascarponemengsel over de lange vingers en rasp of schaaf de chocola erover. Strooi er een klein beetje fijngeraspte sinaasappelschil over en zet de schaal in de koelkast tot je de tiramisù opdient.

HELP!

macedonia di frutta all'amalfitana

voor 4 personen

amalfische fruitsalade

Deze fruitsalade is voor mij een voorbeeld van de Italiaanse kunst om wat een saaie fruitsalade met alledaagse vruchten zou kunnen zijn, interessanter en opwindender te maken. Haal wat mooie grote sinaasappels in huis, of probeer het eens met grapefruit. Je kunt je fantasie in dit geval de vrije loop laten en de receptuur aanpassen aan de seizoenen. Toen ik dit in Italië maakte kon ik gemakkelijk aan bosaardbeien komen, dus heb ik die gebruikt, maar je kunt ook gewone aardbeien nemen.

Als het op desserts aankomt heb je in Italiaanse restaurants vaak niet veel meer keus dan tussen taart, ijs of fruit. Het fruit wordt meestal op een nogal kitscherige wijze geserveerd – dingen als ananas of meloen in de vorm van bootjes gesneden met stukjes die naar alle kanten uitsteken, bijna op z'n Chinees eigenlijk. Ik zal de eerste zijn om te zeggen dat het serveren van een sorbet in een halve vrucht wel een beetje erg 'jaren tachtig' is, maar weet je, op een mooie zomerdag is een toetje van heerlijke aardbeien en lekker frisse sinaasappel met een scheutje drank en een piepklein beetje vanillesuiker, geserveerd in de uitgeholde sinaasappelhelften, toch iets heel speciaals.

2 mooie grote sinaasappels, gehalveerd, eventuele blaadjes eraan gelaten
400 g of 2 flinke handenvol bosaardbeitjes, of gewone, in vieren gesneden aardbeien
2 theelepels vanillesuiker of fijne kristalsuiker
grappa of limoncello

Halveer de sinaasappels en snijd voorzichtig een kapje van de beide helften zodat je ze rechtop kunt zetten. Snijd het vruchtvlees eruit met een grapefruitmesje, maar pas ervoor op dat je de schil niet beschadigt. Snijd het vruchtvlees in stukjes, verwijder de witte velletjes en doe het samen met de aardbeien in een kom. Als je dit van tevoren doet, kun je het fruit in de koelkast zetten tot je aan eten toe bent. Strooi er vlak voor het serveren wat vanillesuiker op (de hoeveelheid is afhankelijk van de zoetheid van het fruit) en doe er een scheutje drank bij – ik gebruik altijd grappa of limoncello. Hussel het fruit met de suiker en de drank en schep het terug in de halve sinaasappels. Serveer dit toetje direct.

grazie mille!

Duizendmaal dank aan alle lieve mensen die geholpen hebben bij het maken van dit boek.

Dank aan Jools, mijn prachtige vrouw, en aan mijn twee beeldschone meisjes, Poppy en Daisy, omdat zij een constante inspiratiebron voor me zijn geweest. Ik hou van jullie. En ook mijn ouders wil ik hartelijk danken omdat ze mij dertig jaar geleden verwekt hebben op de pier van Southend.

Omdat ik in dit boek zo veel mogelijk dingen wilde opnemen, heb ik allerlei deadlines verschrikkelijk overschreden en de mensen bij Penguin tot wanhoop gedreven. Hartelijk dank voor jullie begrip dus. Veel liefde en respect heb ik voor John Hamilton, Tom Weldon, Annie Lee, Keith Taylor, Cris Callard, Sophie Hewat, Tiina Wastie, Sophie Brewer, Alex Clarke, Jessica Jefferys, Rob Williams, Tora Orde-Powlett, Naomi Fidler en het hele verkoopteam, Clare Pollock, Jane Opoku, Mariateresa Boffo (bedankt voor al het vertaalwerk!), Jen Doyle en Sarah Hulbert. Jullie zijn briljant! Wie had zes jaar geleden kunnen denken dat we nu aan ons zesde boek toe zouden zijn?

Dikke knuffels, zoenen en veel respect voor mijn eigen, persoonlijke team, waar ik zo verschrikkelijk blij mee ben. Ik voel het als een voorrecht dagelijks met jullie te werken. Jullie werken allemaal zo ongelofelijk hard en met een ongeëvenaarde passie en kwaliteit mee aan al mijn projecten – lieve Lindsey Evans, lieve Ginny Rolfe, de onverbeterlijke Peter Begg, Anna Jones, Bobby Thomson, Danny McCubbin, Louise Holland, Carly Skinne, Paul Rutherford en Suzanna de Jong. Bedankt jongens, jullie hebben me onder een waanzinnige tijdsdruk fantastisch geholpen bij het maken van dit boek. XXX (er zijn vast mensen die ik vergeten heb… dus dit is voor jullie allemaal!) Dank ook voor de 'bazen' – Frosty, Tara en Tessa.

Respect en dank aan David Loftus, de fotograaf – volgens mij is dit het beste werk dat je ooit gemaakt heb. En dank aan Chris Terry voor zijn prachtige portretten. Bedankt jongens, het was alle moeite meer dan waard!

Veel dank aan mijn vriendin Jekka McVicar, die de kruiden voor mijn tuin en de camper uitgezocht heeft – je moet zeker eens wat zaden bestellen op haar website www.jekkasherbfarm.com. Ook veel dank aan Mick Peart, de eenmansbende die niet alleen de keukenaanhangwagen voor mijn camper gemaakt heeft, maar ook de beste barbecues ter wereld bouwt, Caribbean Cookers (www.caribbeancookers.com). En aan Marco, van Illy Coffee UK, die mijn restaurant Fifteen vanaf de eerste dag gesteund heeft en begonnen is met het importeren van ongelofelijke groentezaden uit Italië, die hij per postorder verkoopt – www.seedsofitaly.com. Verder wil ik Gretchen Andersen, Ewan en Agnes van de Laquer Chest bedanken, en ook Anna Brown voor haar aanvullend vertaalwerk.

Ook veel dank aan mijn maten Luke, Peter, Paul en Carl, voor hun hulp met mijn split-screen VW camper uit 1956, die op zich prima voldeed, maar wel een paar keer op apegapen lag. Zonder jullie zou een flink deel van dit boek nooit geschreven zijn, omdat ik bepaalde doelen dan nooit bereikt had. Met een versnellingsbak naar Italië vliegen noem ik nog eens fantastische service! Luc, Mark en het hele team bij Tefal, bedankt voor het afleveren van de prachtige pannen toen ik die midden in Italië nodig had.

En natuurlijk niet te vergeten, dank aan mijn beste vriend en professionele opschepper, Andy Slade 'the gasman' – zonder jou zou mijn leven niet compleet zijn, jij halvegare idioot! Bedankt voor de eindeloze, bezopen boodschappen op mijn telefoon om me te herinneren aan alle vrienden thuis die ik op mijn reis zo ontzettend miste.

Ik wil ook de leden van mijn productieteam hartelijk bedanken, die me in een aantal zeer ongebruikelijke situaties reusachtig geholpen hebben bij het zoeken naar en verkennen van een paar fantastische, nog niet ontdekte plekken in Italië – Andrew Conrad, Robert Thirkell, Helen Simpson, Guy Gilbert, Katy Fryer, Victoria Bennetts, Benedict Protheroe, Carla de Nicola, Sarah Tildesley, Toby Ralph, Richard Munns, Tracy Garrett, Vanya Barwell, Tom Dalzell, Paolo Chianta, Guendalina Ghironi, Emma Cockshutt, John Dewar, Sabrina Licata, Sunshine Jackson en Paddy Lynas.

En last but not least, dank aan alle lieve mensen die ik op mijn reis door Italië ontmoet heb. Dat zijn er te veel om ze allemaal persoonlijk te bedanken. Veel liefs en hartelijk dank voor jullie gastvrijheid.

Register

Vetgedrukte paginanummers verwijzen naar illustraties.
v duidt op een vegetarisch recept.

a

aanmaken van gekookte groenten **10**, 11
aardappelen
Gennaro's salade **162**, 163
v pizza met aardappelen, mozzarella, rozemarijn, tijm en tomaat **54**, 56
v **aardbeien met citroen en munt** 292, **292**
Altamura, erwtensoep uit 80, **81**
v **Amalfi, fruitsalade alla** **306**, 307
v **Amalfi-citroenen uit de oven** 20, **21**
v **Amalfi-salade** 164, **165**
ansjovis
beignets van salie en ansjovis **18**, 19
pasta met ansjovis in tomatensaus 118, **119**
pizza met mozzarella, ansjovis, Spaanse peper, kappertjes en peterselie **55**, 57
antipasti 2-29
v aanmaken van gekookte groenten **10**, 11
Amalfi-citroenen uit de oven 20, **21**
beignets van salie en ansjovis **18**, 19
v bruschette 4-7, **5**
v caponata 8, **9**
v champignons met gesmolten mozzarella en tijm **28**, 29
chianti sushi 15
crostini 22-25, **23**
v paddestoelen gevuld met ricotta uit de oven 26, **27**
v ricottakoekjes met een beetje tomatensalade 12, **13**
appel
v Bolognese taart van polenta en appel 282, **283**
arrosto misto 224-227, **224**, **225**
artisjok(ken)
v artisjokkenrisotto 136, **137**
v bruschette met baby-artisjokken **5**, 6
pizza met ei, prosciutto, artisjok, olijf, mozzarella, tomatensaus en basilicum **55**, 56
aubergine
v bruschette met aubergine en munt **5**, 6
v Siciliaans auberginestoofsel 8, **9**
v parmigiana 266, **267**

b

balsamico
v gegrilde en gemarineerde radicchio di treviso met knoflook en 254, **255**
basilicum
v bruschette met tomaten en **5**, 7
pizza met ei, prosciutto, artisjok, olijf, mozzarella, tomatensaus en **55**, 56
v **basisdeeg voor pizza's** 52
v **basisrecept voor vers eierpastadeeg** 86
beignets
v kikkererwtenbeignets 40
spaghettibeignets 36, **37**
van salie en ansjovis **18**, 19
bloemkoolrisotto **140**, 141
v **Bolognese taart van polenta en appel** 282, **283**
bonen
v Italiaanse bonen
v crostini met geprakte cannellini-bonen met knoflook **24**, 25
v crostini met puree van erwten en tuinbonen en pecorino **24**, 25
v ribollita 70, 72, **73**
v **bramentaart** **286**, 287
brood (***zie ook*** **bruschette; crostini**)
lamsbout gevuld met olijven, brood, pijnboompitten en kruiden **242**, 243
salade van Toscaans brood, tomaat en paprika 154-156, **155**, **157**
v soep van brood en tomaten 68, 69
bruschette
v met aubergine en munt 5, **6**
v met baby-artisjokken **5**, 6
v met gemengde geroosterde groenten **5**, 7
v met tomaten en basilicum **5**, 7
buffelmozzarella, *zie* mozzarella
v ***bustrengo*** 282, **283**

c

v **cake, Nada's** 294, 295
calamari in padella con limone e pangrattato 188, **189**
v **cannellini-bonen**
v crostini met geprakte cannellini-bonen met knoflook **24**, 25
cantharellen
geschroeide rosbief met knoflook, rozemarijn en **238**, 239
v ***caponata*** 8, **9**
v **Capri, salade uit** 170, **171**
carbonara met worstjes 90, **91**
champignons, *zie* paddestoelen

v **champignons met gesmolten mozzarella en tijm** **28**, 29
chianti sushi 15
chocola
v bevroren fragola-druiven met chocola en grappa **274**, 275
v semifreddo met chocola en rijst 288, **289**
citroen
v aardbeien met citroen en munt 292, **292**
v Amalfi-citroenen uit de oven 20, **21**
in de pan gebakken inktvis met citroen en pangrattato 188, **189**
pizza met gebraden gesnipperd varkensvlees met tijm, taleggio en rucola met citroendressing 53, **54**
v speciale citroensherbet **298**, 299
coniglio marinato alla griglia 230, **231**
cosciotto d'agnello ripieno di olive, pane, pinoli e erbe aromatiche **242**
costolette di maiale con salvia 234, 235
cotechino-worstjes, *zie* worst(jes)
courgette(s)
gebakken 259
pizza met pittige salami, courgette, tomaat en mozzarella 53, **54**
couscous
Nonna Giusy's vis met **206**, 207
couscous con pesce di nonna giusy **206**, 207
crostata di fichi **278**, 279
crostini 22-25, **23**
v met buffelmozzarella en Spaanse peper 22, **23**
v met gemengde tuinkruiden **24**, 25
v met geprakte cannellini-bonen met knoflook **24**, 25
v met groene blaadjes 22, **23**
met prosciutto, vijgen en munt 22, **23**
v met puree van erwten en tuinbonen en pecorino **24**, 25
v met tomaten en olijven **24**, 25

d

desserts 272-307
v aardbeien met citroen en munt 292, **292**
v bevroren fragola-druiven met chocola en grappa **274**, 275
v Bolognese taart van polenta en appel 282, **283**
v bramentaart **286**, 287
v Florentijnse rijsttaart 284, **285**
v fruitsalade alla Amalfi **306**, 307
v kleverige Italiaanse vijgen **290**, 291
v Nada's cake 294, **295**
v perensorbet **276**, 277
v roomijs met olijfolie en zeezout 293, **293**
v semifreddo met chocola en rijst 288, **289**
v snelle tiramisù **302**, 303
v speciale citroensherbet **298**, 299
v taart van de jonge Sara 300, **301**
v vijgentaart **278**, 279
druiven
v bevroren fragola-druiven met chocola en grappa **274**, 275
v pizza met groene en blauwe druiven, rozemarijn, pijnboompitten en ricotta **54**, 56
duif **225**, **226**, 227

e

eend **225**, **226**, 227
eieren
v basisrecept voor vers eierpastadeeg 86
pizza met ei, prosciutto, artisjok, olijf, mozzarella, tomatensaus en basilicum **55**, 56
erwten
v crostini met puree van erwten en tuinbonen en pecorino **24**, 25
erwtensoep uit Altamura 80, **81**

f

v ***fagioli all'italiana*** 256, **257**
v **Farro-salade met geroosterde groenten** 172, **173**
fazant, gestoofde 236
v ***fazzoletti di seta al pesto*** 110, **111**
festivalsalade, gemengde **158**, 159
v ***fichi secchi*** **290**, 291
v **Florentijnse rijsttaart** 284, **285**
v ***fragole con limone e menta*** **292**
frittata met garnalen en peterselie 44, **45**
v ***frittelle di spaghetti*** 36, **37**
fritto di salvia e alici **18**, 19
v **fruitsalade alla Amalfi** **306**, 307
funghi al cartoccio al forno **252**, 253
v ***funghi al forno ripieno di ricotta*** 26, **27**
v ***funghi tagliati a fettine sottili, con mozzarella fusa e timo*** **28**, 29

g

garnalen
frittata met garnalen en peterselie 44, **45**
spaghetti met garnalen en rucola 116, **117**

gebraad, groot 224, **225**, **226**
v ***gelato con olio e sale*** 293, **293**
Gennaro's salade **162**, 163
grappa
v bevroren fragola-druiven met chocola en **274**, 275
groente(n)
v bruschette met geroosterde gemengde **5**, 7
v Farro-salade met geroosterde 172, **173**
v Italiaanse 264, **265**
v perfect aanmaken van gekookte **10**, 11
stoofpot van lentegroenten **250**, 251
groot gebraad 224, **225**, **226**
grootvaders mossellinguine 93

h

ham, *zie* prosciutto

i

inktvis
in de pan gebakken inktvis met citroen en pangrattato 188, **189**
salade van tomaten, venkel en 166, **167**
spaghetti met **94**, 95
v ***insalata amalfitana*** 164, **165**
v ***insalata caprese*** 170, **171**
v ***insalata di farro con verdure al forno*** 172, **173**
insalata di gennaro **162**, 163
insalata di polpo 183
insalata di pomodori, finocchi e seppie 166, **167**
v ***insalata di radicchio e rughetta*** 161, **161**
v ***insalata di strada*** **38**, 39
insalata tipica delle sagre **158**, 159
v **Italiaanse bonen** 256, **257**
v **Italiaanse groente** 264, **265**
Italiaanse krokante visbeignets 42
v **Italiaanse vijgen, kleverige** **290**, 291

j

jagerskippenstoof 222, **223**
jagerslasagne 124
jagersrunderstoof, beroemde peperige **212**, 213

k

kaas
Amalfi-citroenen uit de oven 20, **21**
v aubergine parmigiana 266, **267**
v champignons met gesmolten mozzarella en tijm **28**, 29
v crostini met buffelmozzarella en Spaanse peper 22, **23**
v crostini met geprakte cannellini-bonen met knoflook **24**, 25
v paddestoelen gevuld met ricotta uit de oven 26, **27**
v pasta met tomaten en mozzarella uit de oven 114, **115**
v ricottakoekjes met een beetje tomatensalade 12, **13**
v rotolo met spinazie, pompoen en ricotta 96-98, **99**
v salade uit Capri 170, **171**
v venkelrisotto met ricotta en gedroogde Spaanse pepers **144**, 145
kabeljauw, soep van gezouten **74**, 75
kappertjes
pizza met mozzarella, ansjovis, Spaanse peper, kappertjes en peterselie **55**, 57
kebabs
octopuskebabs **182**, 183
van lamsvlees en paddestoelen 240, 241
van worst en rundvlees 218, **219**
kikkererwten
v kikkererwtenbeignets 40
pasta met 76, **77**
kip **225**, **226**, 227
jagerskippenstoof 222, **223**
pasta met kip en paddestoelen uit de oven **112**, 113
knoflook
v crostini met geprakte cannellini-bonen met **24**, 25
v gegrilde en gemarineerde radicchio di treviso met knoflook en balsamico 254, **255**
geschroeide rosbief met knoflook, rozemarijn en cantharellen **238**, 239
v knoflookbrood **55**, 57
konijn 224, **225**, **226**, 228
geroosterd gemarineerd 230, **231**
kreeftbouillon, Siciliaanse 78, 79, **79**
kruiden
lamsbout gevuld met olijven, brood, pijnboompitten en **242**, 243
kruimeldeeg **279**
kwartel **225**, **226**, 227

l

lamsvlees
kebabs van lamsvlees en paddestoelen 240, **241**
lamsbout gevuld met olijven, brood, pijnboompitten en kruiden **242**, 243
lasagne
jagerslasagne 124

lasagne alla cacciatora 124
lentegroenten, stoofpot van **250**, 251
limoni di amalfi cotti al forno 20, **21**
linguine
grootvaders mossellinguine 93
linguine alla carbonara di salsiccia 90, **91**
linguine con cozze di nonno 93
linzen
worstjes en groene linzen met tomatensalsa **220**, 221

m

v *macedonia di frutta all'amalfitana* **306**, 307
maiale alla griglia e arrosto 214, **215**
marjoleinsaus 194
v *melanzane alla parmigiana* 266, **267**
Mercatello, gestoofd wild zwijn uit 245
v *la mia ribollita preferita* 72, **73**
il miglior brodo siciliano di aragosta 78-79, **79**
la migliore frittata di gamberetti e prezzemolo 44, **45**
le migliori polpette di tonno **202**, 203
minestra di piselli di altamura 80, **81**
minestrone 65
van de vroege herfst 66, **67**
minestrone d'inizio autunno 66, **67**
mosselen
grootvaders mossellinguine 93
mozzarella
v Amalfi-citroenen uit de oven 20, **21**
v champignons met gesmolten mozzarella en tijm **28**, 29
v crostini met buffelmozzarella en Spaanse peper 22, **23**
v pasta met tomaten en mozzarella uit de oven 114, **115**
v pizza met aardappel, mozzarella, rozemarijn, tijm en tomaat **54**, 56
pizza met ei, prosciutto, artisjok, olijf, mozzarella, tomatensaus en basilicum **55**, 56
pizza met gerookte pancetta, mozzarella, verse Spaanse peper en tomaat **55**, 57
pizza met mozzarella, ansjovis, Spaanse peper, kappertjes en peterselie **55**, 57
pizza met pittige salami, courgette, tomaat en mozzarella 53, **54**
v salade uit Capri 170, **171**
munt
v aardbeien met citroen en 292, **292**
v bruschette met aubergine en **5**, 6
crostini met prosciutto, vijgen en 22, **23**

n

v **Nada's cake** 294, **295**
Nonna Fangitta's tonijn **205**, 204
Nonna Giusy's vis met couscous **206**, 207
Norma, pasta van 88, **89**

o

octopus
in bouillon 183
malse 180, **181**
octopuskebabs **182**, 183
octopussalade 183
olijven
v crostini met tomaten en **24**, 25
lamsbout gevuld met olijven, brood, pijnboompitten en kruiden **242**, 243
pizza met ei, prosciutto, artisjok, olijf, mozzarella, tomatensaus en basilicum **55**, 56

p

paddestoelen
v champignons met gesmolten mozzarella en tijm **28**, 29
gebakken paddestoelen in een zakje **252**, 253
geschroeide rosbief met knoflook, rozemarijn en cantharellen **238**, 239
v gevuld met ricotta uit de oven 26, **27**
kebabs van lamsvlees en 240, **241**
paddestoelenrisotto met peterselie uit de oven 142, **143**
pasta met kip en paddestoelen uit de oven **112**, 113
pancetta
op drie manieren gebakken tong **186**, 187
pizza met gerookte pancetta, mozzarella, verse Spaanse peper en tomaat **55**, 57
v *panelle* 40
pangrattato
in de pan gebakken inktvis met citroen en 188, **189**
panzanella 154-156, **155**, **157**
v *pappa al pomodoro* 68, **69**
paprika
salade van Toscaans brood, tomaat en 154-156, **155**, **157**
pasta 84-124
v basisrecept voor vers eierpastadeeg 86
carbonara met worstjes 90, **91**
grootvaders mossellinguine 93
jagerslasagne 124

met ansjovis in tomatensaus 118, **119**
met kikkererwten 76, **77**
met kip en paddestoelen uit de oven **112**, 113
met sardines **102**, 103
v met tomaten en mozzarella uit de oven 114, **115**
v rotolo met spinazie, pompoen en ricotta 96-8, **99**
spaghetti met garnalen en rucola 116, **117**
spaghetti met inktvis **94**, 95
spaghettibeignets 36, **37**
Toscaanse pici met tomaten-en-vleessaus 105-106, **107**
v Trapani-spaghetti **120**, 121
v van Norma 88, **89**
v ***pasta al forno con pomodori e mozzarella*** 114, **115**
v ***pasta alla norma*** 88, **89**
pasta con acciughe e pomodoro 118, **119**
pasta con sarde **102**, 103
pasta e ceci 76, **77**
pecorino
v crostini met puree van erwten en tuinbonen en **24**, 25
peper, *zie* Spaanse peper
peposo **212**, 213
v **perensorbet** **276**, 277
pesce alla griglia 190-191, **192-193**, 194
il pesce fritto in pastella all'italiana più croccante 42
pesce intero al forno in crosta di sale 200, **201**
pesce spada alla griglia con la salsa di giovanna **196**, 197
pesto
v met zijden zakdoekjes 110, **111**
v witte risotto met 132, **133**
peterselie
frittata met garnalen en 44, **45**
v paddestoelenrisotto met peterselie uit de oven 142, **143**
pizza met mozzarella, ansjovis, Spaanse peper, kappertjes en **55**, 57
pici
Toscaanse pici met tomaten-en-vleessaus 105-106, **107**
pici con ragù 105-106, **107**
pijnboompitten
lamsbout gevuld met olijven, brood, pijnboompitten en kruiden **242**, 243
v pizza met groene en blauwe druiven, rozemarijn, pijnboompitten en ricotta **54,** 56
pizza 51-59
v basisdeeg 52
v gefrituurde **58**, 59
v met aardappel, mozzarella, rozemarijn, tijm en tomaat **54**, 56
met ei, prosciutto, artisjok, olijf, mozzarella, tomatensaus en basilicum **55**, 56
met gebraden gesnipperd varkensvlees met tijm, taleggio en rucola met citroendressing 53, **54**
met gerookte pancetta, mozzarella, verse Spaanse peper en tomaat **55**, 57
v met groene en blauwe druiven, rozemarijn, pijnboompitten en ricotta **54**, 56
met mozzarella, ansjovis, Spaanse peper, kappertjes en peterselie **55**, 57
met pittige salami, courgette, tomaat en mozzarella 53, **54**
pizza fritta **58**, 59
polenta 269
v Bolognese taart van polenta en appel 282, **283**
harde 269
v krokant gebakken polenta met rozemarijn en zout **34**, 35
natte 269
v ***polenta fritta croccante con rosmarino e sale*** **34**, 35
pollo alla cacciatora 222, **223**
polpo in brodo 183
polpo semplice 180, **181**
pompoen
v geroosterde 260, **261**
v rotolo met spinazie, pompoen en ricotta 96-98, **99**
porchetta 46, 48, **49**
prosciutto
crostini met prosciutto, vijgen en munt 22, **23**
pizza met ei, prosciutto, artisjok, olijf, mozzarella, tomatensaus en basilicum **55**, 56

r

radicchio
v gegrilde en gemarineerde radicchio di treviso met knoflook en balsamico 254, **255**
v salade van radicchio en rucola 161, **161**
v ***radicchio di treviso con aglio e aceto balsamico*** 254, **255**
v **ribollita** 70, 72, **73**
ricetta tipica per verdure verdi 264, **265**
ricotta
v paddestoelen gevuld met ricotta uit de oven 26, **27**
v pizza met groene en blauwe druiven, rozemarijn, pijnboompitten en **54**, 56
v ricottakoekjes met een beetje tomatensalade 12, **13**
v rotolo met spinazie, pompoen en 96-98, **99**
v venkelrisotto met ricotta en gedroogde Spaanse pepers **144**, 145

ricotta fritta con piccola insalata di pomodori 12, **13**
rijst (*zie ook* **risotto**)
v Florentijnse rijsttaart 284, **285**
v semifreddo met chocola en 288, **289**
risotto 129
v artisjokkenrisotto 136, **137**
bloemkoolrisotto **140**, 141
met zeebanket **134**, 135
v paddestoelenrisotto met peterselie uit de oven 142, **143**
van zoete witte uien, cotechino-worstjes en tijm 148, **149**
v venkelrisotto met ricotta en gedroogde Spaanse pepers **144**, 145
v witte 130
v witte risotto met pesto 132, **133**
v *risotto ai carciofi* 136, **137**
risotto ai cavolfiori **140**, 141
risotto ai finocchi con ricotta e peperoncino **144**, 145
risotto ai frutti di mare **134**, 135
risotto ai funghi e prezzemolo 142, **143**
risotto bianco 130
risotto bianco con pesto 132, **133**
risotto con cipolle bianche dolci, cotechino e timo 148, **149**
rombo con finocchio 178, **179**
v **roomijs met olijfolie en zeezout** 293, **293**
rosbief
geschroeide rosbief met knoflook, rozemarijn en cantharellen **238**, 239
v *rotolo di zucca e ricotta* 96-98, **99**
v **rotolo met spinazie, pompoen en ricotta** 96-98, **99**
rozemarijn
geschroeide rosbief met knoflook, rozemarijn en cantharellen **238**, 239
v krokant gebakken polenta met rozemarijn en zout **34**, 35
v pizza met aardappel, mozzarella, rozemarijn, tijm en tomaat **54**, 56
v pizza met groene en blauwe druiven, rozemarijn, pijnboompitten en ricotta **54**, 56
rozemarijn-en-sinaasappelzout 194
rucola
pizza met gebraden gesnipperd varkensvlees met tijm, taleggio en citroendressing 53, **54**
v salade van radicchio en 161, **161**
spaghetti met garnalen en 116, **117**
rundvlees
beroemde peperige jagersrunderstoof **212**, 213
chianti sushi 15
geschroeide rosbief met knoflook, rozemarijn en cantharellen **238**, 239
kebabs van worst en 218, **219**
Toscaanse pici met tomaten-en-vleessaus 105-106, **107**

S

salades 152-173
v Amalfi-salade 164, **165**
v Farro-salade met geroosterde groenten 172, **173**
gemengde festivalsalade **158**, 159
Gennaro's salade **162**, 163
octopussalade 183
v ricottakoekjes met een beetje tomatensalade 12, **13**
v straatsalade **38**, 39
v uit Capri 170, **171**
v van radicchio en rucola 161, **161**
van tomaten, venkel en inktvis 166, **167**
van Toscaans brood, tomaat en paprika 154-156, **155**, **157**
salami
pizza met pittige salami, courgette, tomaat en mozzarella 53, **54**
salie
beignets van salie en ansjovis **18**, 19
varkenskarbonades met 234, **235**
salmoriglio 194
salsa
di giovanna **196**, 197
tomatensalsa **220**, 221
salsicce con lenticchie verdi e salsa di pomodoro **220**, 221
sardines, pasta met **102**, 103
sauzen
marjoleinsaus 194
tomatensaus 118, **119**
schiacciata di manzo con aglio, rosmarino e funghi **238**, 239
v *semifreddo con cioccolato e riso* 288, **289**
v **semifreddo met chocola en rijst** 288, **289**
sherbet
v speciale citroensherbet **298**, 299
v **Siciliaans auberginestoofsel** 8, **9**
Siciliaanse kreeftbouillon 78, 79, **79**
sinaasappel
rozemarijn-en-sinaasappelzout 194
soepen
erwtensoep uit Altamura 80, **81**
minestrone van de vroege herfst 66, **67**

ribollita 72, **73**
Siciliaanse kreeftbouillon 78, 79, **79**
v van brood en tomaten 68, **69**
van gezouten kabeljauw **74**, 75
sogliola in tre modi **186**, 187
v **sorbets**
v perensorbet **276**, 277
v speciale citroensherbet **298**, 299
v ***sorbetto di limone*** **228**, 229
sorbetto di pere **276**, 277
Spaanse peper
v crostini met buffelmozzarella en 22, **23**
pizza met gerookte pancetta, mozzarella, verse Spaanse peper en tomaat **55,** 57
pizza met mozzarella, ansjovis, Spaanse peper, kappertjes en peterselie **55**, 57
v venkelrisotto met ricotta en gedroogde Spaanse pepers **144**, 145
spaghetti
met garnalen en rucola 116, **117**
met inktvis **94**, 95
spaghettibeignets 36, **37**
v Trapani-spaghetti **120**, 121
v ***spaghetti alla trapanese*** **120**, 121
spaghetti con calamari **94**, 95
spaghetti con gamberetti e rucola 116, **117**
spaghetti tetrazzini **112**, 113
spiedini di involtini di agnello e funghi 240, **241**
spiedini di polpo **182**, 183
spiedini di salsiccia e manzo 218, **219**
spinazie
v rotolo met spinazie, pompoen en ricotta 96-98, **99**
stoofpot van lentegroenten **250**, 251
v **straatsalade** **38**, 39
stracotto di fagiano 236
sugo di cinghiale di mercatello 245
sushi, chianti 15
sushi del chianti 15

t

taart
v bramentaart **286**, 287
v Florentijnse rijsttaart 284, **285**
v van de jonge Sara 300, **301**
v van polenta en appel, Bolognese 282, **283**
v vijgentaart **278**, 279
taleggio
pizza met gebraden gesnipperd varkensvlees met tijm, taleggio en rucola met citroendressing 53, **54**
tarbot met venkel 178, **179**
tijm
v champignons met gesmolten mozzarella en **28**, 29
v pizza met aardappel, mozzarella, rozemarijn, tijm en tomaat **54**, 56
pizza met gebraden gesnipperd varkensvlees met tijm, taleggio en rucola met citroendressing 53, **54**
risotto van zoete witte uien, cotechino-worstjes en 148, **149**
v **tiramisù, snelle** **302**, 303
v ***tiramisù veloce*** **302**, 303
tomaat
v bruschette met tomaat en basilicum **5**, 7
v crostini met tomaten en olijven **24**, 25
pasta met ansjovis in tomatensaus 118, **119**
v pasta met tomaten en mozzarella uit de oven 114, **115**
v pizza met aardappel, mozzarella, rozemarijn, tijm en **54**, 56
pizza met ei, prosciutto, artisjok, olijf, mozzarella, tomatensaus en basilicum **55**, 56
pizza met gerookte pancetta, mozzarella, verse Spaanse peper en **55**, 57
pizza met pittige salami, courgette, tomaat en mozzarella 53, **54**
v ricottakoekjes met een beetje tomatensalade 12, **13**
salade van tomaten, venkel en inktvis 166, **167**
salade van Toscaans brood, tomaat en paprika 154-156, **155**, **157**
v soep van brood en tomaten 68, **69**
Toscaanse pici met tomaten-en-vleessaus 105-106, **107**
worstjes en groene linzen met tomatensalsa **220**, 221
tong, op drie manieren gebakken **186**, 187
tonijn
Gennaro's salade **162**, 163
gegrilde zwaardvis met salsa di giovanna **196**, 197
Nonna Fangitta's **205**, 204
tonijngehaktballen **202**, 203
tonno di nonna fangitta 204, **205**
v ***la torta della giovanne sara*** 300, **301**
v ***torta di more*** **286**, 287
v ***torta di nada*** 294, **295**
v ***torta di riso*** 284, **285**
Toscaanse pici met tomaten-en-vleessaus 105-106, **107**
v **Trapani-spaghetti** **120**, 121
tuinbonen
v crostini met puree van erwten en tuinbonen en pecorino **24**, 25

tuinkruiden
v crostini met gemengde 24, 25

u

uien
risotto van zoete witte uien, cotechino-worstjes en tijm 148, **149**
v ***uva fragola surgelata con cioccolato e grappa*** **274**, 275

v

varkensvlees
gegrild en gebraden 214, **215**
pizza met gebraden gesnipperd varkensvlees met tijm, taleggio en rucola met citroendressing 53, **54**
porchetta 46, 48, **49**
varkenskarbonades met salie 234, **235**
venkel
salade van tomaten, venkel en inktvis 166, **167**
tarbot met 178, **179**
v venkelrisotto met ricotta en gedroogde Spaanse pepers **144**, 145
v ***verdure verdi condite alla perfezione*** **10**, 11
vignole **250**, 251
vijgen
crostini met prosciutto, vijgen en munt 22, **23**
v kleverige Italiaanse **290**, 291
v vijgentaart **278**, 279
vis 177-207
beignets van salie en ansjovis **18**, 19
frittata met garnalen en peterselie 44, **45**
gegrilde 190
gegrilde zwaardvis met salsa di giovanna **196**, 197
Gennaro's salade **162**, 163
grootvaders mossellinguine 93
hele vis gebakken in zout **200**, 201
in de pan gebakken inktvis met citroen en pangrattato 188, **189**
Italiaanse krokante visbeignets 42
malse octopus 180, **181**
Nonna Fangitta's tonijn **205**, 204
Nonna Giusy's vis met couscous **206**, 207
octopus in bouillon 183
octopuskebabs **182**, 183
octopussalade 183
op drie manieren gebakken tong **186**, 187
pasta met ansjovis in tomatensaus 118, **119**
pasta met sardines **102**, 103
risotto met zeebanket **134**, 135
roosteren 191
salade van tomaten, venkel en inktvis 166, **167**
Siciliaanse kreeftbouillon 78, 79, **79**
soep van gezouten kabeljauw **74**, 75
spaghetti met garnalen en rucola 116, **117**
spaghetti met inktvis **94**, 95
tarbot met venkel 178, **179**
tonijngehaktballen **202**, 203
vlees 210-245
beroemde peperige jagersrunderstoof **212**, 213
carbonara met worstjes 90, **91**
chianti sushi 15
gegrild en gebraden varkensvlees 214, **215**
gestoofd wild zwijn uit Mercatello 245
kebabs van lamsvlees en paddestoelen 240, **241**
kebabs van worst en rundvlees 218, **219**
lamsbout gevuld met olijven, brood, pijnboompitten en kruiden **242**, 243
porchetta 46, 48, **49**
Toscaanse pici met tomaten-en-vleessaus 105-6, **107**
varkenskarbonades met salie 234, **235**
worstjes en groene linzen met tomatensalsa **220**, 221

w

wild zwijn, gestoofd, uit Mercatello 245
v **witte risotto** 130
v met pesto 132, **133**
worst(jes)
carbonara met 90, **91**
en groene linzen met tomatensalsa **220**, 221
kebabs van worst en rundvlees 218, **219**
risotto van zoete witte uien, cotechino-worstjes en tijm 148, **149**

z

v **zakdoekjes, zijden, met pesto** 110, **111**
zeebanket, risotto met **134**, 135
v **zijden zakdoekjes met pesto** 110, **111**
zout
hele vis gebakken in **200**, 201
v krokant gebakken polenta met rozemarijn en **34**, 35
v rozemarijn-en-sinaasappelzout 194
v ***zucca al forno*** 260, **261**
zucchini in padella 259
zuppa di baccalà **74**, 75
zwaardvis, gegrilde, met salsa di giovanna 196, 197

DIVIETO
DI FERMATA
FINE